Foto © Ron Rinaldi

Claudia Shear gelang mit ihrem bisher letzten Job der große Durchbruch: Mit ihrer «One-woman-show» feiert sie Riesenerfolge in New York und Los Angeles. Steven Spielberg hat ihr spontan und begeistert für seinen Film «Body Language» eine Rolle angeboten, nachdem er sie auf der Bühne gesehen hatte.

Claudia Shear

Von links nach schräg durchs Leben

Meine 66 Jobs

Deutsch von Jochen Schwarzer

rororo

Rowohlt

Die Originalausgabe erschien 1995 unter dem Titel
«Blown Sideways Through Life» bei The Dial Press,
Bantam Doubleday Dell Publishing Group, Inc., New York

Deutsche Erstausgabe
Veröffentlicht im Rowohlt Taschenbuch Verlag GmbH,
Reinbek bei Hamburg, September 1996

Umschlaggestaltung: Susanne Müller
(Foto by Grey Entertainment Inc.)
Lektorat: Heiko Arntz

Satz Bembo (Linotronic 500)
Gesamtherstellung Clausen & Bosse, Leck
Printed in Germany
1090-ISBN 3 499 13787 9

Claudia Shear

Von links nach schräg durchs Leben

Für meine Mutter, meine Schwester und meinen Schwager,
die nie gefeuert worden sind.

Ich möchte mich bedanken bei:

Christopher Ashley, dessen Verstand und Großmut von Anfang an Teil dieses Werks waren

James Nicola, denn er hatte als erster die Idee, ich solle schreiben

Allen Mitarbeitern des New York Theatre Workshops, die mich die ganze Zeit über ermutigt haben

Nina Ryan, die mir eine großartige Freundin war, lange bevor sie meine großartige Literaturagentin wurde

Susan Kamil, dafür, daß sie mit so viel Geduld, Einsicht und Enthusiasmus meine Verlegerin ist

Und vor allem möchte ich all denjenigen danken, die jemals mit mir arbeiten mußten.

Inhalt

Prolog

Es ist drei Uhr, und ich sitze auf einer Bank und ziehe mir ein Paar Bullenstiefel an. ...

Es ist morgens halb elf, und ich stehe in der Ecke eines verdreckten Kellers und binde mir eine große weiße Schürze um. ...

Es ist wieder mal Mittwoch, elf Uhr morgens, und ich streife mir dicke Arbeitshandschuhe über und nehme mir einen Eimer. ...

Es ist Viertel nach vier am Morgen, und ich versuche, auf einer Toilette in der Wall Street ein Nickerchen zu machen, indem ich meinen Kopf auf der Klopapierrolle balanciere. ...

Es ist fünf Uhr, und ich spitze meine Bleistifte. ...

Ich schärfe mein Messer. ...

Ich setze mir einen Telefon-Kopfhörer auf. ...

Ich ziehe mich komplett aus. ...

Ich lege Lippenstift auf. ...

Ich binde mir eine Fliege. ...

Ich hänge mir Karnevalsklunker um. ...

Ich knöpfe eine Uniformbluse zu. ...

Eine Küchenschürze. ...

Meinen Angestelltenkittel. ...

Meinen geschmackvollen Blazer. ...

Meinen langen schwarzen Rock. ...

Meinen Pez-Spender. («Also gut», heißt es, «wir möchten

hier ein lockeres, freundliches Feeling haben, deshalb müssen alle Hostessen Pez verteilen.»)

Und dann trage ich Sixpacks Bier hoch, Tröge voller Geflügel, Aktenstapel, pappenweise Eier, Lippenstift-Paletten. Ich kümmere mich um den Computer, den Empfang, die Mehlschwitze, die Brühe. Ich lese die Akten, schneide die Zwiebeln, tünche die Wände, wasche das Geschirr ab, schrubbe die Töpfe, schenke Getränke ein, gehe ans Telefon, gehe ans Telefon, gehe ans Telefon.

«Guten Tag, Battle, Fowler, Jaffin and Kheel ...»

«Guten Morgen, Shakespeare-Festival ...»

«*Buona sera*, Le Madri ...»

«Hi. Wir haben fünf echt süße Mädels. Zwei Brünette, einen Rotschopf und zwei sehr üppige Blondinen. Kostet fünfundneunzig die Stunde, fünfundsiebzig die halbe Stunde. Inbegriffen ist Französisch und Normal, zweimal Spritzen die Stunde, einmal die halbe Stunde. ...»

«NYU Medizinische Hochschule, Patienten-Information, welches Zimmer bitte?»

Und es heißt: «Quassel nicht so viel.»

«Steh da nicht rum!»

«Seien Sie freundlich zu den Kunden!»

«Pack dein Buch weg! Lesen verboten!»

«Nicht hinsetzen.»

«Hier ist ein Baseballschläger, nur für den Fall, daß das Restaurant spätabends überfallen wird und ich nicht da bin.»

«Paß auf, was du sagst!»

«Essen verboten!»

«Entfernen Sie sich nie ohne Erlaubnis vom Pult.»

«Denken Sie daran, immer Ihren Namen zu nennen.»

«Sag niemals deinen Namen!»

Und später höre ich dann: «Äh, es hat Beschwerden gegeben wegen Ihrer Einstellung.»

«Jemand hat gehört, wie Sie im Fahrstuhl gepfiffen haben. ...»

«... im Speiseraum gesungen haben. ...»

«Sie reden zuviel. ...»

«Deine Lache ist zu laut. ...»

«Sie machen das, was wir Ihnen sagen. Keine Diskussion!»

«Sie hängen zuviel am Telefon.»

«Vielleicht sollten Sie weniger Kaffee trinken – dann müssen Sie nicht so oft aufs Klo.»

«Ohne Frauen klappt es auf dieser Etage viel besser.»

«Nicht rumstehen! Du mußt beschäftigt aussehen!»

«Die Mädchen tragen Bodys, weil unsere Kunden das mögen.»

Und mein persönlicher Favorit: «Ich muß Ihnen keine Begründung geben. Das ist *mein* Restaurant!»

Und schließlich:

«Hören Sie, wir werden uns leider von Ihnen trennen müssen. ...»

«Äh, nach dieser Woche brauchen wir Sie nicht mehr.»

«Oh, das ist deine letzte Schicht.»

«Äh, es wird wohl einige Änderungen im Dienstplan geben. ...»

«Also, entweder so oder gar nicht.»

«Sie sind gefeuert!»

«Raus hier, und laß dich nie wieder blicken!»

Und jedesmal sage ich nur: «Schon gut, schon gut, schon gut.»

Aber manchmal, manchmal sage ich: «LECKT MICH DOCH!»

Von links nach schräg

Die meisten Menschen scheinen eine festumrissene Identität zu besitzen. Bei ihnen gibt es einen Anfang, eine Mitte und einen Schluß. Sie haben eine Klasse, sie haben einen Platz, sie wissen, was in ihnen steckt und was ihnen zusteht. Aber da gibt es noch eine andere Art von Leben. Man wird von einer merkwürdigen, schrägen Kraft ergriffen, man wird aus seiner Bahn gestoßen und lebt quer zum Ganzen bis ans Ende seiner Tage.

So geht es mir. Von links nach schräg durchs Leben.

Ich komm aus Brooklyn, ja, da komm ich her, und ich tanze Rumba mit meiner Mom zu *Green Eyes*. Bezaubert von dem unglaublichen Reiz, ein böses Mädchen zu sein, versuchte ich immer mitzuhalten, beim Davonlaufen vor Streifenwagen mit meinen sorgfältig ausgewählten Freundinnen – Mädchen wie Janine Morelli, die gemein war und mich schlug wie ein Junge – oder beim Rumhängen in einem Park an der Avenue P.

Ach, mein Gott, wollte ich *in* sein. *In* sein mit Kathleen und Debby und Ronnie, dünnen Mädchen mit dicken Ärschen in glänzenden Klamotten, die an ihren Nägeln kauten und sie trotzdem lackierten.

Sie hatten alle jüngere Geschwister, auf die sie aufpassen sollten, während die Mütter einkaufen waren oder in der

Kleidung ihrer Töchter auf den Strich gingen. Fiese kleine Kinder mit gammligen Milchzähnen, die an zugigen Straßenecken warteten, während ihre großen Schwestern sich von ihren Freunden aufs Autoblech pressen ließen. (Die Mädchen machten nur einen auf Sex und Geilheit, aber die Jungs litten wirklich.)

Wir waren knallhart. Wir «hingen rum». Nicht wie andere Mädchen, die keine Ahnung hatten von Petting und Zungenküssen. Wir haben Flaschen zerbrochen und sind durch dunkle Gassen gezogen und haben unsere Zigaretten im Gebüsch nah beim Haus versteckt, nur um sie am nächsten Tag wieder rauszufischen, und wir haben Laub zwischen den Fingern zerrieben, um den Nikotingeruch zu überdecken.

Auf mich hatten es alle abgesehen. Keine Ahnung, woher die wußten, daß ich anders war. Am Anfang haben mich die Typen noch eingeladen. Ich hab geraucht und geflucht und gekämpft und mir den BH mit Taschentüchern ausgestopft. Doch der Teil von mir, der immer noch an Narnia und Black Beauty geglaubt hat, muß mich irgendwie verraten haben.

«Hey, Claudia! Du kannst dich verpissen!» (Um der Clique zu zeigen, wie cool sie waren, haben sie vor versammelter Mannschaft mit mir Schluß gemacht.)

«Na klasse!» hab ich gefaucht. «Hab schon gedacht, du bist zu feige!»

Dann bin ich nach Hause gegangen und hab den Mond angeheult. Schon Scheiße, die zu lieben, die einen hassen.

Und dann kam der «P-Park»-Sommer, als ich meine Pullunder und meinen Haß hinter mir ließ. Da, wo ich hinwollte, brauchte ich die nicht. Die Schwester eines Freundes meiner Mutter war mit einem Mann namens Harry verheiratet, der im Norden des Staates New York Kühe hielt. Ich sollte bei ihm arbeiten, zusammen mit seinen sechs Töchtern, die auf der Farm wie zehn Mann schufteten.

Harry war dünn und schlaksig. Sein Nacken war wie aus Leder. Er hat Witze erzählt und in sich hineingelacht, die Augen geschlossen, den Mund weit offen. Er war der reizendste Mensch der Welt, aber leider wohl ein miserabler Farmer. Die Kühe waren ausgezehrt, und die Ställe waren dreckig, und wenn das Gesundheitsamt sich ankündigte, haben wir panisch die ganze Nacht lang geputzt.

Die Farm ist vor die Hunde gegangen, aber Harry hat sich einen Traktor mit Führerkabine, Klimaanlage und Radio gekauft. Manchmal hat er mich raufgezogen und mitfahren lassen, im Schlingerkurs, mit Country-Musik aus dem Radio. Ich hab hinter ihm gestanden und ihn beobachtet, dieses fremde Wesen untersucht, diesen Daddy anderer Kinder, der so voller Macken war und so lustig und immer zur Stelle.

Mein eigener Vater ist gleich nach meiner Geburt abgehauen. Er war Brandmeister. Wenn er uns besucht hat, ist er in voller Montur in einem riesigen roten Wagen aufgetaucht, den ein Chauffeur namens Jack gefahren hat. Der Spitzname meines Vaters war «Handsome Bud», und er hat nach Pfeifentabak und Rasiercreme gerochen. Er hatte immer einen weißen Seidenschal um. Jeden Sonntag in der Kirche hab ich gebetet: «Laß Mommy und Daddy wieder zusammenkommen», bis diese Worte jede Bedeutung verloren und zu einem sinnentleerten Gestammel wurden, das ich gedanken- und hoffnungslos aufsagte.

Wieder in unserer Souterrainwohnung in Brooklyn, hab ich Bücher gelesen, von der *Göttlichen Komödie* bis hin zu Buchclub-Auswahlbänden der späten Fünfziger. Ich hab alles gelesen, was mir zwischen die Finger kam. Als Außenseiterin in Flatbush wollte ich so dringend da weg, hätte so gerne dazugehört: nachts im «P-Park», Fenster einwerfen, trockenficken im Hauseingang, nach Hause wanken, billigen Wein in den Gully kotzen. Und dann hab ich am nächsten Tag finster aus meiner dreckigen Schulbluse geschaut, bin wieder mal vor den Rektor zitiert worden, hab gewartet, daß meine Mutter kam, makellos schick, spindeldürr und nach *Secrets of Venus* duftend.

Meine Mutter fuhr einen weißen Sportwagen. Sie rauchte Pall Mall und trank schwarzen Kaffee. Mit ihrem langen Hals und in ihren ärmellosen, engen Kleidern von aufreizendem Schnitt, an denen hier und da alte Broschen prangten, hatte meine Mutter echt Klasse. Ihr Haar war ein weicher, aschblonder Wirbel, in Form gehalten von *Just Wonderful!*-Haarspray und nächtlichen Klopapierwickeln. Sie trug Eyeliner, Lippenstift und lange falsche Wimpern. Ihr Lieblingshut war ein starrer, kuppelartiger Turban aus schillernden Vogelfedern. Ich konnte es nicht erwarten, erwachsen zu werden und so einen Hut zu tragen.

Meine Mutter arbeitete für eine Kosmetikfirma. Ihre Tage verbrachte sie damit, zwischen Bonwit's und Bergdorf's und B. Altman's hin- und herzufahren, während meine Schwester und ich unsere Tage in der Schule verbrachten. Spätabends ist sie die Auffahrt raufgekommen, und manchmal, zu besonderen Anlässen, haben wir sie mit Geschirrhandtüchern über dem Arm erwartet, selbstgemachte Speisekarten in der Hand, und haben in unseren Blumenpyjamas für sie die Kellner gespielt. Wir waren neun Jahre alt, aber wir hatten längst gelernt, wie man bedient. Sie hatte uns schon beigebracht, wie man Kristallgläser poliert (mit Essig und Zeitungspapier), wie man einen Tisch für ein Buffet deckt (das Silberbesteck sorgfältig zu Bögen auffächern), Leinen bügelt (wenn es noch feucht ist, stärken und in den Kühlschrank legen, bis man mit dem Bügeln anfangen will), welche Nudeln zu welcher Soße passen (lange, dünne Pasta zu Fischsoßen, dicke Makkaroni zu Fleischsoßen), wie man sich vorstellt, wie man Vorspeisen herumreicht, wie man stickt, häkelt, näht und warum die Spitzendeckchen auf den Stuhllehnen «Macassar-Fänger» heißen (in der «guten alten Zeit» benutzten Männer Macassaröl als Pomade, und die Deckchen sollten die Möbel schonen).

Eines Tages führte der Arbeitsweg meiner Mutter sie an unserer Schule vorbei. Sie hat angehalten und ist zu dem Maschendrahtzaun gegangen, der sich um den Hof zog, auf dem wir spielten, und hat ein breites, leuchtendes Filmstarlächeln aufgesetzt. Keine andere Mutter sah aus wie meine Mom. Keine von ihnen war geschieden. Keine von ihnen hatte einen anderen Nachnamen als ihre Kinder. Aber ganz bestimmt hat auch keine von ihnen so gelächelt wie sie.

Als sie weggefahren war, haben alle Kinder gesagt: «Hey! Warum trägt deine Mutter so viel Make-up, hä? Wie kommt's?»

«Darum ...!» hab ich zurückgebrüllt, stolz, verletzt und wütend, «... weil sie das *muß*!»

Andere Mädchen hatten nicht so viel Stunk wie ich. Ich war aufsässig. Nach einem Jahr voll blauer Flecken, das ich bei meinem Vater und seiner neuen Frau verbracht hatte, konnte ich lügen, ohne mit der Wimper zu zucken. In dem Jahr bin ich von Indianern entführt worden. Ich erinnere mich nicht mehr an die Geschichte, aber ich glaube, sie stand in einem Buch mit dem Titel *Calico Captive*. Die junge Heldin wird gerettet und in ein heißes Wannenbad gesteckt. Das heißeste Bad aller Zeiten. Es tut schon fast weh. Sie wird mit duftender Seife abgerieben und saubergewaschen. Als ich dort lebte, im Haus meines Vaters, ist meine Welt aus den Angeln geraten. Das Universum hing schief. Ich war nicht mehr wirklich acht. An dem Tag, an dem du Gefahr und Angst kennenlernst und weißt, daß du allein bist, an diesem Tag wirst du, wenn schon nicht erwachsen, so doch auf alle Fälle älter.

Aber in meinem Kopf lebte die Romantik weiter: mit Alan Breck durch die Highlands streifen, Crusoe auf einer einsamen Insel, auf dem Gipfel eines Zauberbergs, auf einem geflügelten Pferd. Ich wollte Abenteuer. Eine Hütte im Wald mit dem verzauberten Schwert. Die Suche nach dem Heiligen Gral. Die Prüfungen des Helden. Alles wagen! Im Geiste hab ich gelitten und gestritten, hab große Heldentaten vollbracht und erhebende Beweise von Willenskraft gezeigt. Das war mein Lebensplan, jede Einzelheit klar vor Augen.

Aber wie sah mein Leben wirklich aus?

Bei der letzten Zählung hatte ich fünfundsechzig Jobs hinter mir, einige von ungewöhnlich kurzer Dauer, der kürzeste in einem Restaurant namens Bar Lui: Wurde angestellt. Bin zur Arbeit gegangen. Hab einen Eiskaffee getrunken. Hab ein paar Telefonate erledigt. Nach ungefähr zehn Minuten hat mich der Geschäftsführer unterbrochen.

«Äh, wir haben sehr eindeutige Regeln, was Privatanrufe angeht. ...»

«O Mann», murmelte ich, «das kann doch nicht Ihr Ernst sein.»

Also nahm ich meinen Mantel, meine Schlüssel, meine U-Bahn-Karte, mein Ticket, meinen Paß, meine Kreditkarte und – *hit the road, Jack.* Zur Tür raus, in die U-Bahn, in den Zug, ins Flugzeug, in den Bus. Auf dem Weg zu einer

Adresse, einer Ecke, einem Park, einer Bar werden die Karten neu gemischt.

Manchmal geht man nur Brötchen holen und findet sich plötzlich in einem anderen Land wieder.

Die Odaliske

Ich hatte mal einen Job als Aktmodell für einen Maler. Nicht irgend so ein Wichtigtuer in einem Atelier, sondern ein großartiger Maler. Ein bedeutender, absolut exzentrischer, besessener Maler; er hatte was von einem Genie – und gelegentlich den wirren Blick des wahren Monomanen.

«Kunst sollte einen Geruch haben, einen *Geruch*!» hat er hinter seiner Staffelei hervorgegrantelt. «Denn wenn sie einen hätte, und sie wäre schlecht, würde sie sich niemand an die Wand hängen!»

«Komm schon, gib mir ein Gemälde.» (Ich war nur am Quengeln.)

«Dir ein Gemälde geben? Dir ein *Gemälde* geben? Weißt du, wie wichtig ein gutes Bild ist? Weißt du, wieviel ein gutes Bild *wert* ist?»

«Na, dann gib mir eben ein schlechtes.»

«Nein. Das kann ich nicht.»

«Warum nicht?»

«Weil die schlechten meine *Feinde* sind.»

Er arbeitete an der Upper West Side von Manhattan in einem riesigen, sonnendurchfluteten Atelier zu Jazz aus dem Radio. Der ganze Raum war von einem leeren, stillen Licht erfüllt. Dieses Atelier war der behaglichste Ort, an dem ich je gewesen bin, was merkwürdig ist, wenn man bedenkt, daß ich splitterfasernackt auf einem großen Tisch lag, der mit alten Bettlaken überhäuft war. Mir war wirklich bewußt, daß ich wirklich *nackt* war. Ganz Brüste und Haut und Haare, während jemand, während ein *Mann* mich konzentriert anstarrt und der Pinsel in seiner Hand auf die Leinwand eindrischt. Es war wundervoll! Ich bin tatsächlich aufgegangen in der Kunst, die eben erst entstand. Als wäre man ein Klavier oder ein Ballettschuh.

In seinem Atelier hab ich mich schön gefühlt. Und ich hab es wirklich geliebt, schön zu sein. Nicht nur hübsch, wie irgendein Mädchen in einem hautengen Kleid an einem Tisch in einem schicken Restaurant, die lacht, ihr Weinglas an die Lippen hebt und blinzelt, um zu sehen, ob sie auch alle bemerken. Sondern schön. Schön.

Wie eine Frau auf einem Gemälde.

Wer bin ich heute?

Meinen ersten Job hatte ich mit zwölf Jahren. Das war in Berkoffs Haushaltswarenladen in der Coney Island Avenue in der Bronx. Ich bin mit gefälschten Arbeitspapieren hingegangen und hab ihnen erzählt, es wär verboten, ein Schild auszuhängen, auf dem JUNGE GESUCHT steht. Sie haben mir den Job gegeben: Toiletten putzen. Aber in Wirklichkeit hab ich im Vorratslager herumgeträumt und darauf gewartet, daß Barney, der Lagerarbeiter, mich bemerkte. Er war dick. Er war haarig. Er war dumm. Er war sechzehn. Er hatte zottelige Haare, und ich liebte ihn.

Stell dir vor, du bist so jung, daß du älter sein willst. Mit dreizehneinhalb hatte ich einen Job in einem italienischen Fast-Food-Laden in einem Einkaufszentrum. Dort, eine volle Stunde von zu Hause entfernt, kannte mich kein Mensch, und ich konnte mir ein mnemotechnisch perfektes Szenario zurechtlegen, um mein Alter zu verschleiern. Ich hab mit Mädchen in Autos rumgehangen und mein Gesicht erstarren lassen, damit man mein ungläubiges Staunen über die schockierenden Einzelheiten nicht sehen konnte, die ich zwischendurch mitbekam. Das war Glamour. Das waren Nächte in Manhattan, in lauten Discos, Tanzen im Gedränge. Ich habe meiner Mutter was von meinem Gehalt abgegeben, aber von dem Rest hab ich mir wunderbar abgefahrene Klamotten gekauft: lange rückenfreie Kleider, einen roten Hosenanzug aus Crêpe mit ärmelloser Bluse. Und Schuhe. Schuhe aus apfelgrünem Holz, mit Plateausohlen – hoch wie eine Treppenstufe – und kunterbunten Riemen, die in einem großen weißen Punkt über meinem Spann zusammenliefen. In den siebziger Jahren kosteten solche Schuhe hundert Dollar. Meine Mutter ist ausgerastet. Aber hoch oben auf diesen Schuhen war ich erwachsen. Ich war irgendwo anders. Ich konnte es nicht fassen, daß ich würdig war, *diese Schuhe* zu besitzen.

Das Versprechen der Schuhe sollte sich erfüllen. In der großen Zeit der ungehemmten Verschwendung war ich Kosmetikerin für Helena Rubinstein bei Bloomingdale's. Das war damals, als man im Erdgeschoß komplette Menagerien hergerichtet hat, mit Formationen tanzender Mädchen, scheffelweise Rosenblütenblätter – alles nur zur Markteinführung eines neuen Parfums. Jeden Tag hab ich meine Schulmädchenuniform ausgezogen und mich in eine aufgedonnerte Verkäuferin verwandelt.

Wir standen hinter dem Verkaufstresen, arrogant, erhaben, auf dem Gesicht die modische Maske aus Deckstift, Basis-Make-up, Grundierungscreme, Rouge, Puder, Eyeliner, Lipliner, Lip-Gloss, unsere bizarren und perfekten Gesichter wandten sich langsam umher, unser etruskisches Lächeln festgefroren, und wir raunten: «Creme-Rouge ist einfach ein Muß. Ein *Muß*.»

Ich war fürchterlich blasiert. Schließlich kannte ich Mädchen um die Zwanzig. Und die kamen aus Frankreich. Weißt du, zuerst ist da der Reiz einer anderen Identität am Arbeitsplatz. Dann dreht sich eines Tages der Wind, und du bist eine Ausreißerin, die in einer Garage lebt und einen Job bekommen *muß*. Und so wachst du jeden Morgen auf und fragst dich, wer bin ich heute?

Wer bin ich heute?

Was hätten Sie denn gern?

Heute bin ich Barkeeper im Imperial China Restaurant. Das bin ich. Oder Korrektorin bei Bear Sterns. Das bin ich. Ich bin die Aushilfsköchin in der Gourmetwelt Exotica, wo die Küche auf einen Hinterhof hinausgeht, der mit Hundescheiße übersät ist. Ich bin die Übersetzerin einer italienischen Popband. Eine Frühstücksköchin auf Fire Island. Ich bin Mrs. Rip van Winkle bei der Hundertjahr-Parade der Brooklyn Bridge. Das bin ich. Ich bin Garderobenfrau in einem Angestellten-Restaurant. Die falsche Sekretärin eines Typen, der die Leute mit Stiften bescheißt.

Am nächsten Tag bin ich Zimmerservice-Kellnerin im Harley Hotel in New York. Die einzige Frau, der einzige Nichtlatino. Der Tag beginnt um fünf Uhr früh, wenn ich die Uniform anziehe und den Wagen voller großer Tabletts in den riesigen Aufzug schiebe. Der Fahrstuhl hält, und ein paar aufmunternd lächelnde Kellner helfen mir, das Tablett auf meine Schulter zu hieven. Ich wanke den Flur entlang, die Zimmernummer psalmodierend. «Zweihundertvierzehn. Zweihundertvierzehn. Zweihundertvierzehn.» Endlich bin ich an der Tür. Das Tablett wiegt eine Tonne. Meine Arme zittern. Irgendwie schaffe ich es zu klingeln.

Bing bong. «Zimmerservice.» (Ogottogott, bitte, bitte laß mich das Tablett nicht fallen lassen.) Durch die Tür höre ich Duschgeräusche. (Bitte, bitte, o Gott.)

«Einen Augenblick!»

Endlich öffnet sich die Tür, und ich rase ins Zimmer. «Gutenmorgengutenmorgenzimmerservicehieristihrfrühstück!»

WUMM! Das Tablett ist runter.

Zurück in die Küche und das nächste holen.

Wieviel am Tag? Hundert Dollar? Ist gebongt.

Ein Job bei einem Partyservice in einem riesigen Lagerhaus, wo ich das Mittagessen für eine Versammlung am Madison Square Garden zubereite: Ich trage ein Haarnetz und eine große Plastikschürze, stecke bis zu den Ellbogen in zerkleinertem Putenfleisch in Bottichen mit Salzlake. Zerkleinertes Putenfleisch unter einer Schicht aus Fett und Gelatine setzt sich massenhaft unter meinen Fingernägeln fest, wenn ich mich hinüberbeuge, um es herauszuheben, und brennt. Die Lake stinkt und hinterläßt eine Schleimschicht auf Böden und Tischen.

An dem Abend hab ich anderthalb Stunden lang geduscht.

Man muß immer ja sagen, um einen Job zu bekommen. Nie eine Persönlichkeit haben, ein Leben, eine Hoffnung, eine Meinung. Und das Ja allein ist noch nicht gut genug. Man muß es *anlächeln*, das aufgeplusterte Arschgesicht in dem billigen Anzug, der die königliche Macht besitzt, zu heuern und zu feuern. Und wenn man es nicht macht, heißt es, man hätte nicht die richtige Einstellung.

Nicht die richtige Einstellung.

Was weiß der von meiner Einstellung?

In Wirklichkeit würde ich ihn gern bei seinem baumelnden Schlips packen und schreien: «Ich werd dir so eine scheuern, daß deine ganze bekackte Familie zu heulen anfängt! Vor deinem Hund werd ich dich tottreten!»

Das sind so die Zeiten, wenn man es nicht mehr aushält. Wenn das Lächeln und Jasagen sich anfühlt, als hätte man den Mund voller Sand und Dreck.

Trotzdem ist er großartig, dieser Moment, wenn man den Job bekommt. Großartig, der Augenblick des ersten Gehaltsschecks. Doch nur zu bald dreht sich einem der Magen um, wenn der grausige Zeitpunkt des Abstempelns, Abzeichnens, Auf-der-Etage-Seins näherrückt. Und wenn man zum ersten Tisch hinübergeht, die ersten Papiere in die Hand nimmt, den Knopf drückt, um den ersten Anruf entgegenzunehmen, denkt man, das stehst du nie durch. Und dann beendet man schließlich seine Schicht, und es ist Zeit für die Nachtfahrt mit dem Taxi, und man zählt im Licht der Laternen sein Kleingeld.

Sich nach Stunden auf den Beinen hinzusetzen ist so erfrischend wie klares Wasser zu trinken, so erquickend wie der Biß in einen Apfel. Man ist zu aufgedreht, um zu schlafen, und setzt sich an den Küchentisch. Es ist spät. Es ist still. Man ist geschafft. Aber man will nicht ins Bett. Ins Bett gehen heißt, der Tag ist gelaufen. Dieser zwölfte Februar, dieser dritte August, dieser zweite November ist vorbei. Man hat ein bißchen Geld verdient, aber es ist nichts passiert. Nichts. Ein ganzer Tag deines Lebens ist vorbei, und das bedeutet einzig und allein, daß es Zeit ist, ins Bett zu gehen; ein Augenblick um vier Uhr morgens, wenn man glaubt, das Leben ist zu hart, die Anforderungen sind unmöglich zu erfüllen. Es gibt keinen Gral. Es gibt keinen Schatz. Die einzigen Talismane, die mich beschützten, waren die Treue der Bücher und der Trost des Essens. Bis ich endlich sehr belesen war und über hundert Kilo wog. «Das menschliche Sofa!» hab ich gescherzt, denn ich trug einen grauen Rock aus Polsterbezug.

Ich trug ihn jeden Tag.

Buster Keaton war mein Freund

Dieses Jahr, das Jahr des Rocks, war das Jahr, in dem Buster Keaton mein Freund wurde. Ich füllte mein Tagebuch mit sehnsuchtsschwangeren Seiten, sogar mit Gedichten, in denen Verse aus Joni-Mitchell-Songs vorkamen *(What a sorry face you get to wear ...).* Ich war wirklich einsam in diesem Jahr. Meine Familie hat nicht mehr mit mir geredet. Ich war mit einem Sack Wäsche und einer Kiste Mallomars aus einer Garage in eine Wohnung in einer heruntergekommenen Straße umgezogen. Ich hatte unmögliche Jobs und bin auf ein College gegangen, das kaum mehr als ein grausamer Scherz war, wo Leute auf Stühlen zusammengesackt sind und gefragt haben: «Müssen wir das *ganze* Buch lesen?» In einem der Englischkurse gab es eine Reihe von Typen, die hinten im Raum saßen. «Oh, da kommt Shakespeare!» haben sie gegrölt, wenn ich reingekommen bin. Im Gegenzug hab ich mich langsam auf meinem Sitz umgedreht und sie unverwandt angestarrt, blinzelnd, ganz ruhig, mir sicher, daß ich sie vernichtet hatte. Ich war mir sicher, weil ich in solchen Momenten gedacht hab, ich würde aussehen wie Keaton, ich hätte die Macht seines Blicks.

Eines Abends saß ich in einem Theater in Greenwich Village, wo ein Stummfilm-Festival stattfand. Dort hab ich meinen ersten Keaton-Film gesehen. Das erste Bild seines Gesichts hat etwas in mir ausgelöst. Sein Gesicht hatte die scharf konturierte Perfektion einer klassischen Statue und die glänzenden, mitfühlenden Augen einer Madonna von Perugino. Seine Augen – auf seinen Kindheitsbildern, in seinen Filmen, selbst noch als alter Mann – blieben stets die gleichen. Er war so schön, so anmutig.

Der Film, den ich sah, war ein Kurzfilm von 1922, ein Zweispuler mit dem Titel *Cops*. Buster versucht, alles richtig zu machen, um das geliebte Mädchen zu bekommen. Es folgt eine schwindelerregende Serie von Mißgeschicken, als jeder einzelne von Busters Plänen in die Binsen geht, Mißgeschicke, die schließlich zu einer Einstellung einer leeren Straße führen, einer verlassenen Welt. Und dann, in weiter Ferne, am entlegensten Ende, sieht man eine einsame Gestalt: Buster. Er rennt. Ich hatte nie jemanden so rennen sehen wie Keaton – völlig koordiniert, unglaublich schnell, sein Gesicht leer vor Konzentration. Wie er uns entgegenrennt, füllt sich die Straße plötzlich mit Polizisten, einer unfaßbaren Zahl von Polizisten, die dem flinken, doch untergangsgeweihten Flüchtling auf den Fersen sind.

Hier war eine mir verwandte Seele, die rannte, wie ich in meinen Träumen rannte, wenn ich den Tagestrott hinter mir hatte. Ich saß dort in dem schmierigen Theater, wagte kaum zu atmen, hatte mein Popcorn vergessen (nie wieder habe ich bei einem Keaton-Film gegessen), starrte auf die Leinwand und konnte mich gar nicht satt sehen.

Ich habe jeden Keaton-Film gesehen, jedes Buch gelesen, jeden Artikel, nicht wie ein Cineast, der Fakten und Daten sammelt, es war nur so, daß alles über ihn, na ja ... über *ihn* war. Was Frauen ihren Liebhabern erzählen, hab ich ihm erzählt in meinem Herzen. Er war es, den ich wollte und der ich sein wollte. Ich hatte solche Angst davor, verletzbar oder kindisch oder dumm zu sein, und dann war da Keaton, der ständig auf Hindernisse stieß und von aller Welt gehänselt wurde, manchmal trauriger dreinblickend, als ich ertragen konnte, doch unwandelbar an dem festhaltend, wer er war, was er liebte.

Es gibt eine Szene am Anfang von *The General*, in der wir Buster als jungen Lokführer neben seiner Lokomotive stehen sehen, und er langt zu dem Tender hinüber und wischt sorgfältig einen winzigen Fleck weg. Er kennt diese riesige Maschine bis auf das letzte Staubkorn. Das war nicht nur Leidenschaft, sondern der Stolz auf eine große Liebe zu irgend etwas und darauf, wirklich gut in seinem Metier zu sein, selbst wenn es niemand mitbekam. In seinen Filmen wurde er stets mißverstanden, alle Welt machte sich über ihn lustig, blind für seine Genialität, seine Schönheit – Genie und Schönheit, die *wir* sahen. Das konnte ich verstehen. Das war ich, oder etwa nicht?

Zu Halloween in jenem Jahr (seit jeher mein liebster Feiertag – kein Familienkram, keine Geschenke, nur Kostüme und Süßigkeiten) bin ich als Buster Keaton verkleidet auf eine große Party gegangen. Ich kaufte beim Trödler einen Männeranzug, stöberte einen steifen Kragen auf und habe mir das Gesicht weiß geschminkt. Ich hatte sogar einen flachen Filzhut aufgetrieben. Ich muß bizarr ausgesehen haben. Man stelle sich eine kleine, extrem rundliche und sehr, sehr blasse junge Frau in einem übergroßen Anzug vor, die in einem Saal voller festlicher Kostüme umherirrt und den Leuten erwartungsvoll ins Gesicht sieht. Schließlich mußte es doch jemand begreifen.

Niemand, buchstäblich kein einziger Mensch wußte, wer ich war. Aber das war mir egal. Ich bin an diesem Abend in zu großen Schuhen herumgewandert – der Kragen hat sich in mein Doppelkinn gegraben –, verkleidet als jemand anders, doch wissend, wer ich war. Hätten sie etwas mitbekommen, alle Welt hätte mich für eine Verrückte gehalten, aber das bedeutete noch nicht, daß alle Welt recht hatte, denn, letztlich, seht euch an, wie sie sonst daneben lag.

Du willst es, aber *die* haben es!

Ich trage eine hirnrissige Kombination, die die reiche Großmutter meines Freundes abgelegt hat, eine klassische Zusammenstellung, die vor diesem Termin nur zum Mittagessen gut war. Ich befinde mich in dem unvermeidlich pastellfarbenen, kunststoffmöblierten Wartezimmer einer Arbeitsvermittlung und versuche, mir Daten auszudenken, damit mein Lebenslauf nicht frei erfunden wirkt. Oh, was für ausgefallene Lügen ich schon aufgetischt habe: «Ja, natürlich. An so einem Computer habe ich schon mal sechs Monate gearbeitet.» «Äh, ja. Mit Cappuccinomaschinen kenne ich mich bestens aus.» Große, ungeschickte Lügen, die anfangen zu stinken, sobald sie an die Luft kommen, während ich fragend meine Augenbrauen hebe und ein freundliches Lächeln aufsetze, das darauf hinweist, wie kinderleicht es ist, mit mir zu arbeiten, was für eine prima Person sie da einstellen können. Angenehm. So bin ich! Angenehm und pünktlich.

Jedes Wochenende durcharbeiten? Geht klar. An einem Computer arbeiten, mit einem Gästebuch, in der Vermittlung? Natürlich. Bis vier Uhr morgens arbeiten und dann noch die Fußmatten auf die Straße schleppen und ausklopfen? Aber immer doch. Der Personalchef hinter dem Schreibtisch ist heutzutage der Großinquisitor, und du, mein Freund, liegst auf der Streckbank.

Doch trotzdem bin ich immer noch aufgeregt, wenn ich

den Job bekomme. *Ich habe einen Job, und ich werde ein bißchen Geld verdienen, und ich kann mir auf dem Heimweg ein Buch kaufen!*

Und dann hebt der neue Boß mit seiner Litanei an: Sie müssen zur Vorbereitung eine Stunde früher hier sein. ... Sie bezahlen, wenn irgendwas zu Bruch geht. ... Vor und nach dem Mittagessen abstempeln. ... Vor und nach der Pause abstempeln. ... Sie sollten nicht mehr als eine halbe Stunde pro Dokument brauchen. ... Sie sind verantwortlich für Ihr Hemd, Ihr Jackett, Ihre Messer, Ihre Stifte. ... Und jedesmal: Dies und dies und jenes und jenes sind GRÜNDE FÜR EINE FRISTLOSE KÜNDIGUNG.

Ein Horrorfilm läuft in meinem Kopf ab. Hinter meinem gutmütigen, hilfsbereiten, flehenden Blick hebt das heisere Raunen eines hemmungslosen Amokläufers an, der bei dem Gedanken, morgen früh zur Arbeit zu gehen, sein Rasiermesser schwingt.

Es gibt nichts Schlimmeres als den ersten Tag in einem neuen Job. Jedesmal hat man a) die Nacht zuvor schlecht geschlafen, b) sich irgendeine nervige kleine Krankheit eingefangen, zum Beispiel eine Blasenentzündung oder eine Erkältung, die einen nur durch den Mund atmen läßt, c) sich gestritten mit 1) seiner Mutter, 2) seinem Freund, 3) seinem Zimmernachbarn. Man kommt an und sieht zu, wie alle anderen Angestellten an einem vorüberhuschen und genau wissen, wo sie hinmüssen. Man gafft dumm in die Gegend, und *dieser Gesichtsausdruck hält sich den ganzen Tag*, während man dem Geschäftsführer hinterherdackelt, dem Vorarbeiter, dem Oberkellner, dem Abteilungsleiter, mit dem Kopf wackelt und so auszusehen versucht, als würde man jedes Wort aufsaugen, das man hört.

Aber man saugt gar nichts auf, denn das Hirn will einfach nicht die Klappe halten. O ich werde das hassen, nie und nimmer schaff ich das, a) diesen Topf hochzuheben, b) dran zu denken, dieses Dokument zu überprüfen, c) bis vier Uhr morgens wachzubleiben, d) nicht auszurasten, wenn alle Lämpchen auf dieser Konsole anfangen zu blinken.

Am ersten Tag sind sie wirklich nett zu einem. Man bekommt Ermunterungen, für die man in ein paar Wochen einen Mord begehen würde und *die man nie wieder hören wird*. Am ersten Tag kann man a) sich etwas von der Speisekarte aussuchen, b) sich hinsetzen, wenn man die Reservierungen durchsieht, c) die Fliege in der Tasche lassen, d) früher gehen.

Der zweite Tag treibt einen in den Wahnsinn.

Afrikanischer Tanz

An zwei Nachmittagen die Woche schlüpfe ich auf der Flucht vor meinem Job der Woche auf der kalten Personal-Toilette in meine Strumpfhosen und mache mich auf den Weg zu meinem afrikanischen Tanzkurs. Die Säle in dem alten Speicherhaus sind uralt. Die Ballettstangen kommen einem unerwartet entgegen, ihre Nägel lösen sich aus den unebenen Wänden, die mit alten Bohrlöchern übersät sind. Die Böden sind ausgetreten, weich wie alte Laken, getränkt mit unschuldigem Schweiß und süßlich-muffigem Holzgeruch.

Unser Lehrer Charles steht vor uns, alterslos in seinem silbergrauen Trikot, jeder Muskel seines Körpers zeichnet sich ab wie auf einer medizinischen Illustration, jede Sehne, jede Rundung ist deutlich zu erkennen.

«Tanzt, als hättet ihr einen großen Juwel von eurer Großmutter mitten zwischen den Schlüsselbeinen» – ertönt seine Stimme, als die Trommeln in der Ecke zu schlagen beginnen – «und ihr wollt, daß allealle ihn sehen.» Während er sich mit einem Zimmermannshammer in der langen, feingliedrigen Hand bückt, um einen Nagel einzuschlagen, der sich aus einem losen Dielenbrett befreit hat, ordnet Charles Positionen und Richtungen an. «Seht nicht zu euren Freunden hin!» befiehlt er. «Eure Freunde haben *keine Ahnung*!»

Wir stellen uns auf, immer zwei und zwei, keuchend nikken wir unserem Partner zu, unsere Körper wiegen sich zögernd in einem Eins-Zwei-Drei-Rhythmus, als gälte es, in ein sich drehendes Springseil zu hüpfen.

«Eins eins zwei-und-drehn! Eins eins zwei-und-drehn! Zwei eins – DIE NÄCHSTEN!»

Ich gehe auf die Tanzfläche, ich bin mit Tanzen dran, und als ich loslege, besteht die Welt nur noch aus einem Plié und einer Drehung, und manchmal, manchmal bin ich im Takt, ich tanze wahrhaftig, und wie alt ich bin oder wie meine Schenkel aussehen oder wo ich anschließend hinmuß oder wo ich vorher gewesen bin, spielt keine Rolle mehr. Das Büroneonlicht schwitze ich aus allen Poren aus, ich vergesse die Arbeit. Ich bin in der Körperwelt, wohin die Zeit nur über den Takt der Musik vordringt.

Einer der Trommler stimmt einen Gesang an, und bald johlen und heulen alle, und sogar Charles fällt in den Tanz ein, sein Körper verwandelt sich in einen Vogel im Sturzflug, den Kopf auf dem langen Hals zurückgelegt, die Arme wie Flügel ausgebreitet. Als er loslegt, beginnen die Trommeln zu donnern, und wir drehen alle durch, und der ganze Raum dröhnt in wilder Kakophonie, bis nur noch ein letztes Paar über die Dielen tanzt und die Musik verklingt.

Die Tanzstunde ist vorbei.

Es ist Zeit, wieder zur Arbeit zu gehen.

Im Schützengraben

Kellnern. Womit man nicht alles seinen Lebensunterhalt verdient. Es ist der reinste Knast, freiwillige Einkerkerung, wie wir uns nachmittags um drei in der Küche für das «Personalessen» anstellen, unser Tablett weiterschieben und an jedem Halt etwas zu essen auf die Teller geklatscht bekommen. Ein Kellner bestellt scherzhaft «Eine Brust bitte, Herr Aufseher!», und die ganze Schlange von Kerlen in weißen Hemden und Krawatten, Kassenblöcke in der Brusttasche, brüllt vor Lachen. Ich bin die einzige Frau. Das Uniformhemd der Männer ist mir zu groß, mein dicker Hintern paßt kaum in die engen Khakihosen. Ich gehöre nicht hierher. Ich wirke kostümiert.

Kellner sind immer hungrig. Wir beginnen unsere Schicht um drei Uhr nachmittags, würgen den Kantinenfraß runter und pumpen uns dann an der Espressomaschine mit winzigen, schweren Tassen schwarzer, zappeliger Energie voll. Um zehn Uhr abends wären wir in der Lage, jemanden umzubringen für einen Bissen von dem, was die Wodka-Stinger-Tante mit den Schulterklappen auf dem Designerjackett auf ihrem Teller hin und her schiebt. Wie wir uns unauffällig zur Seite drehen, wenn wir aus der Küche kommen, und uns hinter die Tür ducken, um eine Garnele wegzuschnappen, ein paar Bratkartoffeln. Zu heiß? Kein Problem! Der Kollege, der die angesagte, überteuerte Pizza anschneidet, klaut mir ein Stückchen, und ich teile es mir in einer Ecke mit meinem Hilfskellner, wir schlingen es runter, lachen und stöhnen. Meine Freundin Regina hat mal einen kleinen runden Büffel-Mozzarella stibitzt, und als sie ihn eben in den Mund gesteckt hat, ist der Geschäftsführer hinter ihr aufgetaucht, und sie hat den Mozzarella am Stück runtergeschluckt. Noch Tage später, hat sie erzählt, konnte sie spüren, wie sich der Käseball seinen Weg durch ihren Körper bahnte.

Das Kellnern bringt eine Art von Übermut mit sich, den ich bei keiner anderen Tätigkeit erlebt habe. Vielleicht liegt es daran, daß der Streß völlig lächerlich ist, wenn man bedenkt, was im Grunde vorgeht: Das Essen wird aufgetragen. Oder vielleicht auch daran, daß so unterschiedliche Menschen kellnern: Angehende Schauspieler arbeiten neben Leuten, die Geld für ihre Familien ranschaffen, neben ausgesprochenen Nachtschwärmern, die die Arbeitszeiten und die schnelle Kohle mögen. *Ungewöhnliche* Leute arbeiten als Kellner. Mein Freund Bill, ein junger Schauspieler, hat mal in einem französischen Restaurant gearbeitet. Eines Abends, als er an der Theke wartete, hörte er, wie neben ihm Barbara, die Barfrau, einen anderen Kellner, einen Franzosen namens Pierre, bat, ihr aus der Küche ein bißchen Milch für einen Cocktail zu holen.

«Oh. Bitte nicht!» hat Pierre gefleht.

«Was? Hier ist die Hölle los. Hol mir sofort etwas Milch!»

«Tut mir sehr leid, Barbara», hat Pierre bedauernd gesagt und den Kopf geschüttelt, «aber das kann ich wirklich nicht.»

«Warum nicht?» hat Barbara gefragt. Aber Pierre ist nur vor ihr zurückgewichen und hat kläglich mit der Hand gewinkt.

«Könnte mir mal jemand sagen, was hier los ist?» hat Barbara einen ihrer Landsmänner gefragt.

«Tja», hat ein anderer Kellner gesagt, als Bill und Barbara sich zu ihm rüberlehnten, «Pierre hat ein Problem. Er fürchtet sich vor Milch.»

«*Fürchtet* sich vor Milch?»

«Er kann Milch nicht anrühren. Er bekommt Angst in ihrer Nähe.»

Bill und Barbara kreischen vor Lachen.

«Es ist schlimm», sagt der Kellner. «Er hat wirklich Angst vor Milch ... und vor Karotten.»

Dave war mein liebster Kellnerkollege. Er war sehr, sehr groß, fast zwei Meter, und er überragte jedermann im Speisesaal und ist durch die Masse der Speisenden und Hilfskellner gewatet wie Gulliver durch ein Meer von Liliputanern. Er hatte ein perfekt geformtes Gesicht und eine ungewöhnlich klangvolle Stimme – er nahm Stunden, um Opernsänger zu werden. Es war gefährlich, mit Dave zusammenzuarbeiten, weil er oft mit völlig klarer und weitreichender Stimme Kommentare abgab, bei denen man in die Küche rennen mußte, um vor Lachen zu husten und zu jammern. Erstaunlicherweise (vielleicht, weil er es mit solcher Nonchalance tat) haben die Gäste nie etwas mitbekommen.

Es gab einen Gast – Marianne Soundso –, die immer in unserer Sektion in der «VIP»-Ecke saß, den Tischen Nummer zweiunddreißig bis achtunddreißig. Sie war eine klapperdürre alte Dame, immer nach dem letzten Schrei gekleidet, von den Jacken bis zu den Accessoires. «Molto VIP», pflegte der Geschäftsführer zu murmeln, wenn sie das Restaurant betrat. VIP oder nicht, mit ihren Sonderwünschen und ihren bockigen, verdrießlichen Seufzern war sie der Alptraum eines jeden Kellners.

«Molto VIP Marianne. Ihre Mutter ist vor ein paar Monaten gestorben», erzählte uns der Geschäftsführer, nachdem er sie eines Abends an ihren Platz gebracht hatte, «und sie ist sehr traurig.»

Nicht zu traurig, um den Wein zurückgehen zu lassen und warmes Brot zu verlangen.

Ich ging an ihren Tisch und überreichte ihr die Speisekarte, und anschließend sollte Dave ihre Bestellung aufnehmen. Plötzlich fing er an, langsam ihren Tisch zu umkreisen, die Augen gen Himmel, und mit einer geisterhaften, schluchzenden Stimme hervorzustoßen: «*Huuu huuu, Marianne*, ich bin's, deine Mutter, *huuu* ...»

Ich hab ernsthaft versucht, nicht auf ihn zu achten, und hab das Fischbesteck aufgelegt und Wasser eingeschenkt.

«... *huuu huuu*, Marianne, bestell die Pizza, *huuu*, der Fisch ist gar nicht gut ...»

Mit einem Plumps hab ich die Wasserkaraffe auf den Tisch gestellt und bin in die Küche gerannt, keuchend vor Lachen, bis Dave hereingeglitten kam und wir übereinander gestürzt sind. Sekunden später ist der Geschäftsführer aufgetaucht und hat geschrien: «Eure komplette Sektion unbeaufsichtigt!» Mit pflichtschuldig reuigen Gesichtern sind wir zurück in den Speisesaal gesaust, und den Rest des Abends haben wir leise, jammernde Geräusche ausgestoßen, wenn wir aneinander vorbeigekommen sind, und haben dazu gekichert.

«Hey», hat ein Gast gesagt, den wir bedienten, «Sie scheinen Ihre Arbeit ja wirklich zu mögen!»

Draußen im Saal verlaufen die Frontlinien, es herrscht Krieg, und die Kellner sind zwischen zwei Flanken eingekesselt – den Gästen und der Geschäftsleitung. Als Waffenbrüder tauschen wir über die Tische weg Blicke aus, geben uns gegenseitig vor der Geschäftsleitung Rückendeckung, wenn wir heimlich einen zerbrochenen Korken aus einer Weinflasche fummeln. Wir sitzen im selben Boot. Wenn wir uns auf das Personalklo im Keller schleichen, um eine Zigarette zu teilen, verfluchen wir die Gäste oder erzählen den Witz der Woche weiter («Jesus, ich fühl mich wie Papillon, ich sollte mir mein Trinkgeld in den Arsch stecken»). Zurück im Saal, lehnen wir uns während einer Atempause an die Wand und führen ein «Kellnergespräch»: zwei Menschen Seite an Seite, die sich aber nie ansehen, die Lippen kaum bewegen und mit den Augen den Raum nach einer winkenden Hand absuchen.

Man ist austauschbar, das kleinste Mißgeschick kann zum freien Fall in die Arbeitslosigkeit führen. Überleben ist alles.

Ratschläge für Kellner

1. **Vermeiden Sie das «Personalessen».** Essen Sie auf alle Fälle, bevor Sie zur Arbeit gehen. Ich habe einmal in einem Laden gearbeitet, wo es jeden Abend blutige Hähnchenschenkel, welken Salat und angebrannte Nudeln mit saurer Tomatensoße gab. Monatelang.
2. **Tragen Sie Bullenstiefel.** Als Kellner müssen Sie vor allem auf Ihre Füße achtgeben. Bullenstiefel sind solide, billig und verleihen Ihnen eine gewisse polternde Autorität.
3. **Besorgen Sie sich einziehbare Stifte.** Bei allen anderen werden Sie die Kappe verlieren, handeln sich Rorschach-Flecken auf Ihrem Uniformhemd ein, und Ihr Geschäftsführer wird Sie zwingen, ein neues zu kaufen.
4. **Besorgen Sie sich den besten Hilfskellner.** Bestechen Sie ihn, falls nötig.
5. **Vermeiden Sie die VIP-Tische.** Warren Beatty zu bedienen macht mehr Ärger, als es wert ist. Am Anfang ist es ein ziemliches Erlebnis, aber nach kurzer Zeit ist das auch

nur ein weiterer Tisch, der Wasser und Brot nachbestellt, der die «Spezialitäten des Hauses» noch mal aufgesagt bekommen möchte, nur noch schlimmer, weil einem der Geschäftsführer in den Nacken schnauft, wild auf einen Vorwand, um einen Star kennenzulernen.

Ratschläge für Gäste

1. **Fassen Sie niemals den Kellner an.** Selbst wenn Sie meinen, ganz reizend zu sein und ein gutes Verhältnis zu ihm zu haben, stellen Sie sich einfach vor, wie entsetzt Sie wären, würde er *Sie* anfassen.
2. **Stellen Sie keine persönlichen Fragen.** Mir sind von Gästen schon Fragen gestellt worden, die nicht mal meine Mutter mir stellen würde.
3. **Unterlassen Sie Kommentare bei der Bestellung.** Es interessiert uns nicht, ob Sie Hühnchen mögen, Karotten hassen, nie weißes Mehl essen. Sagen Sie uns einfach, was Sie haben möchten.
4. **Kauen Sie zu Ende, bevor Sie mit dem Kellner reden.** Wir werden warten. Bestimmt.
5. **Schnipsen Sie nicht mit den Fingern.**
6. **Rufen Sie den Hilfskellner nicht «Pedro» oder «Achmed» oder «Consuelo».** Oder mit irgendeinem anderen Namen, von dem Sie aufgrund seiner oder ihrer Herkunft annehmen, daß er oder sie darauf hört.
7. **Reden Sie nicht über das Trinkgeld.** Wie zum Beispiel: «Also, kümmern Sie sich gut um uns, und Sie bekommen ein dickes Trinkgeld.»
8. **Beschweren Sie sich nicht beim Geschäftsführer.** In Restaurants geht es hart zur Sache, und wenn Sie sich beschweren, sollte Ihnen bewußt sein, daß das Objekt Ihrer

Kritik gefeuert wird. GEFEUERT. Zur Tür raus. Wir reden hier über ein Abendessen, abgewogen gegen den Arbeitsplatz eines Menschen.

Auf dem Weg zur Arbeit

Man läuft die Dünen der U-Bahn-Treppe hoch, der Müll unter den Füßen knirscht wie Sand, der Beton schimmert und hält Schätze verborgen. Der Verkehr brüllt in Wellen über dem Möwengeschrei bremsender Autos. Junge Männer in tiefsitzenden, schlabbrigen Hosen tänzeln und schlängeln sich durch die Menge. Fahrradkuriere blitzen auf wie Neonfische. Es ist derselbe Himmel, schätze ich, wie über dem Meer. Unterwegs durch die Straßen, die Menschenströme durchquerend, schafft man die Ampel, bekommt den Bus. Wenn man den Rhythmus eines Tages in der Stadt draufhat, segelt man vor dem Wind.

Man bleibt einen Augenblick an der Ecke stehen, bis die Ampel umspringt, hebt das Gesicht, orientiert sich, sieht die Sonne oder sieht den Mond, wirft einen Blick auf die Umgebung. Verglichen mit Drinnen ist die Straße so schön, daß es weh tut.

Auf dem Weg zur Arbeit sind die Straßen der Stadt wie ein Strand im Paradies.

Wie ein heißes Messer durch Butter

Die Jobs folgten einander Schlag auf Schlag. Eingestellt werden. Kündigen. Eingestellt werden. Kündigen. Eingestellt werden. Gefeuert werden. Eingestellt werden. Gefeuert werden. Je schneller es ging, desto mieser wurden die Jobs. Von den Jobs, bei denen man ein Bewerbungsformular ausfüllt, bis zu denen, wo man von einem Typ mit Bargeld bezahlt wird, das er aus der Hosentasche fischt. Ich glitt durch die Jobs wie ein heißes Messer durch Butter. Ich glitt durch die Butter wie ein heißes Messer durch Butter. Ich war wirklich nur noch stoned. Ich war wirklich nur noch fett.

Fett zu sein macht einen zum absoluten Außenseiter. Man ist ein Außenseiter, weil man nirgendwo dazugehört. Man paßt nicht hinein. Man ist nicht fit. Man ist fett. Fett hat nichts von dem poetischen Gütesiegel des Alkohols, von der Verruchtheit irgendeiner Modedroge. Man ist bloß fett.

Fett zu sein ist so unamerikanisch, so unattraktiv, unerotisch, unmodern, undiszipliniert, undenkbar, uncool. Man wird unsichtbar. Man wird verdächtig. Man steht am Küchenfenster, schaut auf die Straße hinab, die Stirn an die Fensterscheibe gepreßt, sieht ein für den Samstagabend feingemachtes Mädchen in ein Auto steigen und wegfahren, und man weint, weil man fett ist.

Ich geriet in den freien Fall. Der Boden brach unter mir weg. Ich hatte keinen Mittelpunkt mehr. Mein Verhaltenskodex war futsch. Ich war einmal zu oft gefeuert worden. Die Ekstase der Erleichterung, wenn man den Job hinschmeißt, der Orgasmus, das letzte Wort zu haben, all das wurde ranzig, als die Angst im Hintergrund zu murmeln begann, oh, was fang ich jetzt an? Wie geht es jetzt weiter? Mein Brustkorb krampfte sich zusammen wie eine Faust. Ich habe kein Geld. Ach, Scheiße, diesmal hab ich's echt verbockt.

Ich ging durch die Straßen und sah mein Spiegelbild in einem Schaufenster. Ich blieb stehen. Ich konnte nicht fassen, daß ich für andere Leute wirklich so aussah, daß die Welt *das* hier zu sehen bekam: ich, schlapp und schlampig, meine Knopfleiste kurz vorm Platzen, mein Körper von Fettpolstern besiegt. Als Kind hab ich mich oft im Bett so hingelegt, daß ich exakt die gleiche Haltung einnahm wie die Figur auf meiner Brownie-Kappe, ein herumtollendes Wesen, schwebend in einem Glücksmoment aus Leib und Raum.

Panik ergriff mich. Das wird schon wieder, das wird schon wieder. Ich werd mich nicht unterkriegen lassen. Völlig undenkbar. Armut hat nichts mit «Nicht haben» zu tun. Armut hat mit Angst zu tun. Also hab ich mich mit einem Freund getroffen und auf einer Parkbank einen Joint geraucht. Oder ich hab in einem stillen Buchladen in einer Ecke gestanden und gelesen. Es ist so schön, nicht zu arbeiten. (Es ist so grauenhaft, keine Arbeit zu haben.) Ich habe den ganzen Tag für mich. (Ich habe kein Geld mehr.)

Über die Situation zu reden verleiht ihr allerdings einen gewissen Glanz. Versagen bekommt einen Hauch von Verruchtheit. Das Zurückschaudern vor schwarzem Leder, dem East Village, vor Gesichtsfleisch, in dem Ringe stecken. Ich fühlte mich stolz. Ich fühlte mich cool. Ich würde das schaffen. Ich würde das durchstehen. Ich hatte den über alles erhabenen Blick des Verhafteten in Handschellen, den sie abführen. Die bekloppte Lust, sich Fernsehserien über Krankenhäuser anzuschauen, in denen man ums Verrecken nicht liegen möchte.

So kam ich zu einem Job in einem Puff.

«Fünf echt süße Mädels»

Ich bekam einen Job als Telefonistin in einem Puff in der East 49th Street. Am Halloween-Abend. Zum Vorstellungsgespräch mußte ich in ein gesichtsloses, häßliches Gebäude an der East Side und trat im zweiten Stock aus dem Aufzug in eine Wolke aus Putzmittelgeruch und schwerem Parfum. Ein Mädchen in kurzen Turnhosen und Basketballschuhen hat mir die Tür aufgemacht. Sie hat mich durch das Wohnzimmer geführt, das wie ein Bloomingdale's-Möbelladen aussah: Rauchglasspiegel und Sofasitzgruppen. Dann hat sie mich in ein winziges, schäbiges Büro gebracht. Die Wände waren schmutzigweiß mit verstreuten Farbspuren, die lippenstiftbeschmierte Finger hinterlassen hatten. Auf einem Poster, das mit schmuddeligen Tesafilm-Kringeln befestigt war, stellte ein Typ ein Bein auf einen Rolls-Royce, und darunter stand: NIE WIEDER ARM. Hinter einem billigen Holzschreibtisch saß eine riesige junge Frau in einem Clownsanzug und mit einer roten Gumminase. Sie war so fett, daß die Armlehnen ihres Stuhls von der Reibung ihres enormen Arsches beim Aufstehen und Hinsetzen bis auf den Schaumstoff durchgewetzt waren. Sie, Lori, hatte eine unpassend piepsige Stimme. Eine Kleinmädchenkicherstimme. Die perfekte Telefonistinnenstimme. Ich hätte gedacht, mit einem rauchigen Lauren-Bacall-Raunen wäre man besser dran, aber denkste.

Lori führte den Laden für Steve, den Zuhälter. Ihre Aufgabe war es, die ungefähr fünfzehn Mädchen für die Tag- und Nachtschicht einzuteilen, am Nachmittag die Putzkolonne kommen zu lassen, für Nachschub an Toilettenpapier und Mundspülung zu sorgen und zu heuern und zu feuern. Sie stellte mich für drei Nächte und zwei Tage ein, für fünfzig Dollar die Schicht plus fünf Dollar für jede Buchung. Eine Buchung war eine «Session»: ein oder mehrere Mädchen mit einem Mann auf einem Zimmer, auf Halbstunden- oder Stundenbasis. Im Grunde war ich auch ein Zuhälter. Bei einer Razzia wären die Mädels mit einem Bußgeld davongekommen, aber ich hätte bis zum Hals in der Scheiße gesteckt, weil Kundenanmache per Telefon ein Straftatbestand ist.

Jeden Tag bin ich an der Lexington Avenue ausgestiegen, hab mir in der Bäckerei eine Tüte Naschzeug geholt und hab dann noch im selben Block in dem kleinen Antiquariat reingeschaut. Der Antiquar hat mich immer angelächelt. Aber vermutlich war der nicht ganz dicht. Während ich mich durch die vergilbten Taschenbücher gewühlt und die Handvoll Bücher ausgesucht hab, die mir über die Schicht helfen würden, hab ich mit ihm geplaudert, ein kurzer, unschuldiger Austausch vor der Arbeit.

Ich habe es gehaßt, das Gebäude zu betreten. Wenn andere Mieter in den Fahrstuhl kamen, hat sich mein Magen zusammengekrampft in Erwartung ihrer versteinerten Gesichter, ihres «Nutte»-Gemurmels, sobald sich die Fahrstuhltür hinter mir geschlossen hatte. Dann bin ich den versifften Flur langgetrottet, hab geklingelt und gewartet, daß im Spion ein Auge erscheint und eine Stimme sagt: «Wer ist –? Ach, du bist's» und die Tür aufgeht.

Die Schicht beginnt: Ich verstaue meinen Kram im Büro, überprüfe auf dem Notizblock die Anzahl der Sessions, um zu sehen, wie der Laden läuft, welche Mädchen da sind und mit ihnen abzuklären, wo wir das Abendessen bestellen sollen. Ich setze mich an den Fertigschreibtisch, ziehe mir die beiden Telefone ran, entwirre das Kabel des Wandtelefons (der Privatanschluß) und nehme den Hörer des Tischtelefons ab, als es, unvermeidlich, zu klingeln anfängt.

Jede Schicht hatte acht Stunden. Pro Schicht haben fünf oder sechs Mädchen gearbeitet. Sie hingen bei mir rum, haben sich in die fleckigen, ausgeleierten Sitzmöbel geflezt, geraucht, geredet, in Zeitschriften und Speisekarten geblättert. Ich hab einen Keks oder einen Bissen Schokolade runtergeschluckt und versucht, den Hörer abzunehmen und meinen Spruch aufzusagen, ohne den Gesprächsfaden oder die Stelle in meinem Buch zu verlieren: «Hi, wir haben fünf echt süße Mädels zwei Brünette einen Rotschopf und zwei sehr üppige Blondinen kostet fünfundneunzig die Stunde fünfundsiebzig die halbe Stunde inbegriffen ist Französisch und Normal zweimal Spritzen die Stunde einmal die halbe Stunde. Ham Se was zu schreim? ... Ja die Rote ist sehr schön sie war mal Cheerleader» – (Ich zieh eine Grimasse in Richtung Pamela, die schlaff abwinkt und *Harr-harr* macht) – «Fesseln geht extra Sie können das mit den Mädchen besprechen» – (ich nicke *ja*, als Doris lautlos fragt: *Willstn Wasser?*) – «Die Brünette ist athletisch und die Blondine echt üppig ... oh, fünfundachtzig D. Ham Se was zu schreim?» Ich frage immer, ob sie was zu schreiben haben, denn wenn sie sich die Adresse aufschreiben, ist es wahrscheinlich, daß sie auch kommen. Wieder klingelt das Telefon, und ich nehme ab, ohne von meinem Buch aufzusehen, und sage meinen Spruch auf, ohne etwas zu denken.

Bald hört man von unten den Summer, und die Gruppe fängt an zu stöhnen.

«Ey, *du* bist dran! Ich hab gerade.» Eines der Mädchen steht widerwillig auf und drückt auf den Knopf der Sprechanlage an der Wand.

«Hi!»

«Äh, hi! Hier ist John. ... Ich hab angerufen.»

«Ach klar, John», – sie verdreht die Augen – «komm rauf.»

Alle stehen, richten den BH und die Frisur und ziehen sich spitze Schuhe an. Karneval in der Innenstadt. Jenny, die Turnhöschen trägt und ein Nichts von einem T-Shirt; Marie, herausgeputzt mit einem langen Kleid, hochhackigen Schuhen und so viel Abdeckcreme unter den Augen, daß sie aussieht wie ein Waschbär; Robin in einem weißen Minikleid, der Schlitz mit Rüschen wie ein Theatervorhang. «Ein Geldsack, Leute!» murmelt eine, als «John» ins Wohnzimmer eskortiert wird.

Die Mädchen setzen sich mit ihm in die «Plauderecke», reden mit ihm über Filme oder Baseball. Aber niemals, niemals kommt das Gespräch auf Geld oder Sex.

Manchmal haben wir einen Typen reingelassen, der einen auf cool gemacht hat. «Hey», hat er großkotzig gesagt, «was nehmt ihr fürs Blasen?»

«Wir reden hier nur über Sport und das Wetter», hat eines der Mädchen ganz lieb geantwortet.

Wenn er mit seinen Fragen weitergemacht hat, ist allen klar gewesen, daß er ein Bulle ist, und sie haben die Unschuld vom Lande gespielt, bis er dann schließlich gegangen ist.

Normalerweise sitzt die Gruppe aber ein paar Minuten da, manche, Robin zum Beispiel, geben sich überhaupt keine Mühe, sitzen nur rum und rauchen, schlagen die Beine übereinander und wippen mit den Pfennigabsätzen. Ich spähe durch den Türschlitz und versuche mitzukriegen, wie die

Typen aussehen, damit ich nachher, wenn sie alle wieder reingetrottet kommen, bei der Verarsche mitmachen kann.

Schließlich entscheidet sich der Typ und geht mit einem Mädchen auf eines der fünf Zimmer. (Es gab zwei Schlafzimmer nach hinten raus, ein Schlafzimmer einen Stock höher, wo man über eine ziemlich schräge eiserne Wendeltreppe hinkam, und zwei Studiowohnungen nach hinten raus. Wir hatten das ganze zweite Stockwerk für uns.) Dort angekommen stellt sich das Mädchen in die Tür und sagt folgendes: «Mach's dir so bequem wie am Tag deiner Geburt.» Übersetzung: «Sei komplett ausgezogen, wenn ich wiederkomme, sonst halte ich dich für einen Bullen und schmeiß dich raus.» Dann kommt das Mädchen ins Büro zurück und zeichnet auf meinem Notizblock das Zimmer ab. So kann ich sicher sein, daß sie nur während der angegebenen Zeit arbeitet. Sie hängt noch eine Weile rum, wartet darauf, daß «John» sich auszieht und, hoffentlich, wäscht.

Bei all dem verklärenden Gerede übers Anschaffen – die Nutte, dein bester Freund, die *Pretty Woman* – wird nie die Körperpflege der Leute erwähnt, ihr ganz bestimmter Geruch und Geschmack. Einmal hat mich ein Mädchen namens Tiffany zum Lachen gebracht, als sie mir beschrieb, wie sie versucht hat, einen dicken fetten Kerl unter die Dusche zu bekommen. «Aber er hat sich verdammt noch mal nicht gewaschen, verstehst du? Er hat nur das Wasser an sich runterlaufen lassen. Also statt einem stinkenden fetten Kerl hatte ich einen *nassen* stinkenden fetten Kerl.» Bevor das Mädchen zurück aufs Zimmer geht, zählt sie die Präser in ihrem kleinen Etui nach – alle Mädchen dort hatten so eins – und leiht sich gegebenenfalls Riemen oder Reizwäsche aus. Jetzt ist sie fertig.

An einem guten Abend, wenn ein Freier ein «Doppel» (zwei Mädchen auf einmal) bestellte, war ich allein im Büro, und wenn es klingelte, mußte ich selber aufmachen. In meinen schmierigen Jogginghosen, eine Seglermütze tief ins Gesicht gezogen. «Kommt gleich jemand», hab ich mit heiserer Stimme gemurmelt, bin dann zurück in mein Zimmer gestapft, hab die Tür geschlossen und versucht, extrem negative, angsteinflößende *Vibrations* abzustrahlen, während mein Herz vor Angst wupperte. Und vor Scham.

An einem lauen Abend, wenn alle faul und griesgrämig waren, konnte ich andererseits auch richtig penetrant sein. Besonders Karen gegenüber, einem Mädchen mit leerem Blick, großen Brüsten und dünnem, strähnig-blondem Haar, das sie zwanghaft, wie in Trance kämmte, bei den Kunden trotzdem sehr beliebt wegen, tja ... dicke Titten, blondes Haar. Der Bestseller.

«Geh schon! Geh schon!» hab ich sie ermutigt, wenn der Summer ertönte. «Du siehst toll aus! Du machst das Rennen!» Ich wollte die fünf Dollar.

Sobald das Mädchen ausgewählt war, sind die anderen in mein Büro zurückgetrottet, haben sich Zigaretten angesteckt und übriggebliebenes Fast food gegessen.

Wenn ich nicht gerade am Telefon hing, hab ich ihnen Geschichten erzählt, gesungen und ein bißchen Shakespeare aufgeführt. Sie haben gedacht, ich wär durchgeknallt, aber genau das wollte ich. Den Narren spielen. Die Tatsache kaschieren, daß ich dort war und keine Freier bediente. Mir ist auch zugute gekommen, daß ich dick und unbeholfen war, zwischen Tüten voller Süßigkeiten und Stapeln von Büchern über meinen Schreibtisch gebückt saß, zwanghaft las und aß, mit schokoladenverschmierten Fingern weiterblätterte und an meinen Fingernägeln knabberte, meine zusammengesackte Fettleibigkeit in bizarrem Kontrast zu meiner zwitschernden Telefonstimme.

«Ist das ’ne Art, ein Hurenhaus zu schmeißen?» schrie ich, rotierte auf meinem Stuhl und warf die Beine in die Höhe.

«Worauf du einen lassen kannst!» schrien sie zurück und lachten.

Ich beneidete die Mädchen, beneidete sie, weil sie schlank waren, weil sie gut angezogen waren und Lippenstift trugen und die Typen auf sie abgefahren sind. Robin mochte ich am liebsten. Sie war zwanzig, mit rötlich-blondem Haar, das sie in einer Disco-Fönfrisur trug. Sie hatte unglaublich runde Brüste. Sie hat mir die schmalen weißen Narben von der Implantation gezeigt. Ich war fasziniert. Sie hat es nie eilig gehabt, ist nie laut geworden. Sie hatte einen schwingenden Gang, eine flüssige Bewegung, die sie nicht nur vorwärts trug; vielmehr setzten sich ihre bedächtigen Schritte im Auf und Ab ihrer Hüften fort. Das war der erotischste Gang, den ich je gesehen habe. Sie hatte ein strenges, hartes, irisches Gesicht, finster und barsch. Ich habe immer versucht, sie zum Lachen zu bringen. Ab und zu ist es mir gelungen, und sie hat ein rostiges, zögerliches Bellen hören lassen, ein tiefes «Hoah»-Lachen, und ihr ganzes Gesicht hat sich verwandelt. Sie hatte ein schmales Lächeln mit vielen Grübchen und winzigen weißen Minzdrops-Zähnen. In solch raren Glücksmomenten hab ich Freudenjauchzer ausgestoßen.

Robin ist noch an dem Abend, an dem sie aus irgendeinem Kaff im Süden mit einer Freundin nach New York gekommen war, ins Hurengeschäft eingestiegen. Ein junger Schwarzer hat sie am Port-Authority-Busbahnhof aufgegabelt und ist mit ihnen ausgegangen und hat sie eingekleidet und hat sie zugedröhnt. Er muß noch ein ziemlicher Anfänger gewesen sein, denn beim ersten Mal, als er sie an einer Straßenecke stehenließ, haben sie sich auf Nimmerwiedersehen verpißt.

Dann hat sich Robin mit jemandem zusammengetan, der kein Anfänger mehr war. Sie sagt, sie hat versucht, ihn loszuwerden, aber es hat nie geklappt, bis sie eines Nachts in einem Stundenhotel abgewartet hat, bis er eingeschlafen war, und dann barfuß, ihre Stiefel in der Hand, die Treppe zum Foyer runtergeschlichen ist. Er muß sie gehört haben, denn er hat sie noch an der Tür eingeholt und angefangen, sie zu verprügeln. «Er hat nich mehr aufgehört, mich zu schlagen», hat sie erzählt, «genau hierhin» – sie zeigte auf eine runzlige Narbe unter ihrem linken Auge. «Er hat nich mehr aufgehört, mich zu schlagen, und er hatte diesen dicken Ring an, und zum Schluß ham ihn ein paar Typen von mir weggerissen, und ich dachte, ich werd bestimmt blind.» Eines Nachts ist sie dann doch noch abgehauen, als er bis zum Umfallen gesoffen hatte.

Kurz darauf hat sie in einer Bar Jo Jo kennengelernt. Er war bei der Handelsmarine, und seine Uniform hat sie beeindruckt. Und schließlich war er nett zu ihr. Wenn er ging, hat er ihr Geld auf die Kommode gelegt, aber sie ist beim Anschaffen geblieben. Nach einiger Zeit hatte er sich an dieses Leben gewöhnt, lange Nächte, kurze Tage, und hat angefangen, von ihren Einnahmen zu leben. So läuft das immer. Erst geht dein Freund noch arbeiten, aber er verdient viel zuwenig. Und wenn er erst mal nachts lange aus war, 'ne Linie gesnieft hat, in Nachtclubs war und ein paar hundert Dollar auf den Kopf gehauen hat, denkt er sich doch, was soll der Scheiß. Wenn man erst mal Geld gerochen hat, ist es kein großer Schritt, es auch zu erwarten und schließlich zu verlangen. Der Zuhälter ist geboren.

Gloria war groß und dünn, mit einer Hakennase und langem dunklem Haar, das sich, gefönt und gesprayt, in zwei gleichmäßigen Bahnen um ihr Gesicht legte. Sie trug lavendelfarbene Schlaghosen von Frederick's of Hollywood und ein dünn geripptes Top dazu; immer dieselbe Kleidung, immer sauber, immer adrett. Gloria muß eine großartige Hausfrau gewesen sein; sie brachte Salate in Tupperware-Schüsseln mit und stickte Bildchen mit verspielten Welpen und herumtollenden Kätzchen. Sie nahm den großen Sessel im Wohnzimmer in Beschlag und konnte dort stundenlang ununterbrochen mit übereinandergeschlagenen Beinen sitzen, ohne sich zu rühren, wie die alten Damen in den Greyhound-Bussen, die still und kerzengerade sechs Staaten durchqueren, ihre Handtasche auf dem Schoß.

Gloria kam aus Queens. Sie interpunktierte ihre Sätze mit «nich wahr» – ein Anheben der Stimme, verstärkt durch ein leichtes Vorschieben des Kinns. Jedes dritte Wort.

«Wie ich damit angefangen hab, nich wahr. Tja, wir ham Partnertausch gemacht, nich wahr. Und Bobby» – ihr Freund – «hat gesacht, warum versuchstes nich ma mit Anschaffen, nich wahr. Das wird geil, nich wahr. Hinterher kannste mir alles erzähln, nich wahr.» Bobby kam jede Nacht vorbei, stand an der Ecke und wartete, bis ihre Schicht vorbei war.

Die meisten Mädchen hielten ihr Privatleben völlig unter Verschluß, besonders wenn sie ein normales Zuhause hatten oder ein Doppelleben führten. Aber es gab auch Frauen wie Kathy, die in einem schäbigen Hotel wohnte und den Kontakt zur wirklichen Welt verloren hatte. Manchmal ist sie von einer Session gekommen und hat sich aufs Sofa plumpsen lassen, die Bluse halb zugeknöpft, die Jeans offen. Selbst wenn sie schwanger wurde, hat sie kaum darüber geredet; sie hat einfach weitergearbeitet. Ihre Welt war diese Welt hier, die Bordellwelt. Sie brauchte ihr Geld nicht für die Charles-Jourdan-Schuhe und Vuitton-Taschen auszugeben, die in der Welt da draußen als Merkmale von «Klasse» galten.

Kathys Mutter und ihre kleine Schwester arbeiteten ebenfalls im Haus. Die drei trieben es gemeinsam, wenn ein Freier das verlangt hat. Ihre kleine Schwester, Debbie, hat mir erzählt, wie sie dazu gekommen sind. Wie ihre Mutter sie eines Abends ins Auto gezerrt hat, um Kathy zu suchen, die angeblich auf den Strich ging.

«Wir ham se auffe Straße gesehn», erzählte Debbie, «hat wie 'n Clown ausgesehen. Ihr Gesicht war ganz weiß, wie 'n Clown. Un meine Mudda ziehtse ins Auto und haut ihr welche un schreit: ‹Ne Nutte biste! Ne Nutte biste!› – ‹Ja›, hat Kathy gesagt und 'ne Handvoll Fünfer hingezeigt, ‹aber guck mal, was ich *verdient* hab!›» So sind sie dann alle eingestiegen.

In dem Jahr hat mir Kathy einen grünen Wildledergürtel zu Weihnachten geschenkt, der mit kleinen goldenen Knöpfen besetzt war. Der Gürtel war gebraucht, aber er gefiel mir wirklich gut. Von einem Mädchen namens Dee hab ich zum selben Weihnachten ein paar goldfarbene Pumps bekommen. Sie wollte sie nicht mehr haben, aber ich hab sie geliebt. Es war lange her, daß ich Kleidung zum Ausgehen besessen hatte. Dee war sehr zierlich, immer sehr kleinmädchenhaft süß, selbst in der Gruppe. Aber sie hatte einen enormen Heroinverbrauch und bekam davon Wurstfinger. Dee war unglaublich beliebt bei den Freiern. «Das kommt, weil sie *alles* mitmacht», lästerten die anderen Mädchen. (Die ultimative Beleidigung war, daß ein Mädchen es entweder gratis machte oder, schlimmer noch, es *gerne* tat.) Dee hatte immer eine Flasche Bourbon in ihrer schwarzen Umhängetasche, und gegen Ende der Nacht, wenn sie einen Fick im Zimmer ein Stockwerk höher hatte, haben wir jemanden unten an der Treppe postiert, der sie stützen konnte, wenn sie ins Wohnzimmer runtergetaumelt kam.

Suzanne war der andere Heroin-Fan. Sie war wunderschön. Sehr groß. Sehr schlank. Rostroter Bubikopf. College-Abschluß. Geschmackvolle mokkafarbene Hosenanzüge. Brooklyn Heights. Wurde nie genommen.

Am meisten mochte ich die Zeiten im Haus, wenn wir uns was zu essen bestellten und die Telefone stillstanden und die Mädchen mir von «auf dem Zimmer» erzählten. «Wo siehst du hin, wenn so ein Kerl dich fickt?» Solche Sachen hab ich dann gefragt. «Ich entspanne mein Gesicht und mach die Augen halb zu.» Etwas in der Art hab ich dann zu hören bekommen. Dann kamen Storys über Typen, die ihr Hemd über die Lampe drapierten, damit das Zimmer romantisch wirkte, oder Geschichten über Stammkunden wie «Gummi-Mike», der gern benutzte Präser ausschlürfte. Für den sind die Mädchen mit einem Kondom rumgehuscht und haben es mit einer Mixtur aus Milch, Zucker, Salz und einer Prise Bleiche gefüllt. Dann gab es da einen Japaner, der jeden Samstagmorgen um elf mit einer Tüte Blaubeer-Muffins für Pamela kam (er nannte sie «Pamaya»), und einen Kerl, den sie «Vierter Juli» nannten, weil er gerne auf dem Fußboden lag und in die Luft kam, während ein Mädchen in weißen Strumpfhosen über ihm stand. Sie haben mir gezeigt, wie man einen Pariser zwischen die Zähne nimmt und ihn mit den Lippen abrollt, um ihn einem Typ beim Blasen überzustreifen, ohne daß er was merkt.

Die meisten Geschichten handelten davon, wie man um etwas herumkam. Weniger tun und dafür bezahlt werden. Bezahlt, einem Kerl das Arschloch zu lecken? Mach deinen Zeigefinger feucht und dann schnips ganz zart, und mach dazu die passenden Schlappgeräusche. Ein Doppel, bei dem der Typ will, daß die Mädchen sich gegenseitig lecken? Spreiz deine Hände zwischen ihren Beinen, und lutsch dann aber nur an deinen Fingern. Beim Doppel versucht immer ein Mädchen, hinter den Rücken des Freiers zu kommen und das andere Mädchen zum Lachen zu bringen. Einmal ist ein Typ reingekommen und hat alle Mädchen ins Wohnzimmer rufen lassen. Dann hat er sich splitternackt auf Händen und Füßen auf den gläsernen Couchtisch gehockt, und ein Mädchen hat ihn masturbiert, während er sich langsam auf allen vieren umherdrehte. «Oh, schau dich an!» mußten die anderen anstimmen. «Du bist so groß! Du bist so geil!» Aber sobald sie aus seinem Gesichtsfeld raus waren, haben sie angefangen, zu kichern und Grimassen zu schneiden. Er hat jeder fünfzig Dollar dafür gezahlt.

Eines Sonntagmorgens hatten wir eine üble Wasserpistolenschießerei, die sich zu einem regelrechten Wasserkrieg auswuchs. Jauchzende Mädchen in billigen paillettenbesetzten Klamotten und klebrigem rotem Lippenstift sind durch die Räume geflitzt, haben gekreischt und mit Wasserpistolen geschossen, als wär's ein Sommernachmittag auf einer baumgesäumten Straße. Abends haben wir uns aus einem Steakhaus um die Ecke ein Festmahl aus Rippchen und Zwiebelringen und Eistee (Robins Lieblingsessen) bestellt und in dem verlotterten Büro gesessen, dampfende Alufolienknäuel mit gegrillten Speisen auf dem Schoß, und haben aufgestöhnt, wenn der Summer erklang. Wir haben Joints auf der Toilette unten geraucht, rumgesessen und gekichert und uns über Pamela lustig gemacht, den rothaarigen Cheerleader. Sie hatte einen leichten Überbiß, wie Gene Tierney, und wenn sie einen Zug aus einer Zigarette nahm, sah das wirklich pornographisch aus.

Wenn mich das Telefonieren anödete, hab ich den Anrufern Blödsinn erzählt, bloß um alle zum Lachen zu bringen.

«Äh, hi. Habt ihr Mädchen mit langen Fingernägeln?»

«Nein», hab ich völlig trocken geantwortet, «wir kauen die alle ab.»

«Hi, äh ... Hi, äh ... Wie siehste denn aus?»

«Tja, ich bin einssechzig groß und wiege etwa hundertfünfundzwanzig Kilo, und mein Haar ist nicht gewaschen.»

Manchmal bin ich ans Telefon gegangen und hab nur Rauschen gehört, Atmen, und dann: «Ich kooomme. ...»

«Schön für dich!» hab ich aufmunternd gerufen. «Ins Taschentuch! Ins Taschentuch!»

Ein Kerl hat ständig angerufen. «Ich hätte gern 'ne Session», mit ganz schlichter Singsangstimme. Dann hat er mit ausführlichen Beschreibungen von Analverkehr losgelegt. Seine Stimmlage war allerdings so unverwechselbar, daß ich den Hörer abnehmen, seine Stimme hören und auflegen konnte, ohne mich auch nur einen Augenblick von meinem Gesprächspartner, meinem Buch, meinem Burger ablenken zu lassen.

Hörer abnehmen, auflegen. Hörer abnehmen, auflegen. Wenn ich dort war, wurde mein restliches Leben zu einer schwammigen Vorhölle des Nicht-Dortseins. Wenn ich zum Beispiel eine Doppelschicht eingelegt hab, Freitagnacht und den ganzen Samstag, hab ich im Haus geschlafen, weil es zu spät war, noch mit der U-Bahn nach Brooklyn zu fahren, wo ich wohnte (wir haben um drei oder vier Uhr früh dichtgemacht und um neun oder zehn wieder geöffnet). Ein junger Schwuler namens Barry hat den Laden echt saubergehalten, aber ich habe mir trotzdem meinen Kissenbezug mitgebracht, damit ich was Nettes und Vertrautes um mich hatte.

Nachdem die Mädchen gegangen waren, jede mit einer Tüte vielsagendem Müll in der Hand, hab ich die Tür abgeschlossen, die Telefonstecker rausgezogen und bin in das hintere Schlafzimmer im ersten Stock gegangen. Dort hab ich die buntgesteppte Polyester-Tagesdecke abgezogen, mich mit offenen Augen hingelegt und mir gut zugeredet, meiner Phantasie nicht freien Lauf zu lassen, das Gefühl zu ignorieren, daß die Luft in diesem Zimmer gesättigt war von Kummer, Einsamkeit und dem kalten Hauch des Bösen. Ich hatte dort immer Alpträume; wenn der Wecker um acht Uhr geklingelt hat, bin ich aufgewacht und hab gemerkt, daß ich geweint hatte. Ich hab mich auf die Bettkante gesetzt, die Arme um die Knie geschlungen, mich sacht gewiegt, mir große Plundertaschen mit viel Käse und literweise Kaffee versprochen und mich so weit gebracht aufzustehen. Aufstehen, die Jogginghosen anziehen, die Telefonstecker reinstöpseln und hoffen, daß Steve, der Zuhälter, nicht kam, wenn es noch früh war und ich mein dickes Fell noch nicht übergestreift hatte.

Steve hat mir Angst eingejagt. Er war ein gutaussehender Angeber, mit blondem Haar und Brooks-Brothers-Anzügen und stumpfen, leblosen Augen. Er war hinterhältig, wie Kokser eben hinterhältig sind, aber bei ihm lag das wohl kaum daran. Er hat die Mädchen ununterbrochen kritisiert. Er hat ihnen gesagt, sie wären dick oder sie würden nicht genug Kunden an Land ziehen. Sie hatten Angst vor den Tagen, an denen er eine von ihnen mit auf ein Zimmer nahm, weil er dann ein Kissen für ihre Knie auf den Boden wirft, sich auf die Bettkante setzt, seine Poppers rausholt und sie beschimpft, während sie krampfhaft versuchen, ihn steif zu kriegen. Anscheinend unmöglich; nach einer Session mit ihm sind sie ins Büro zurückgekommen, haben mit dem kleinen Finger gewinkt und die Augen verdreht.

Immer wenn Steve ins Büro kam, hab ich meinen Kopf gesenkt, so daß meine Mützenkrempe mir das Gesicht verdeckt hat, und mich gefragt, ob der Vater meines Freundes sich wohl vorstellen konnte, wo seine Seglermütze abgeblieben war und wie sehr sie mir nützte.

«Bist du bescheuert?» hat er gesagt und mir einen Klaps auf den Arm versetzt. «Nimm den Hörer ab, bevor es dreimal klingelt.»

«Klar. Stimmt. Tut mir leid», hab ich mit belegter Stimme gesagt.

Eines Nachmittags, als ich das ewige Fast food satt hatte, hab ich gerade auf dem kleinen, nie benutzten Herd meine eigene Nudelsoße gekocht, als Steve reinkam und ausflippte. «Du fette Schlampe! Glaubst du, der Laden hier soll wie eine verdammte Küche stinken! Gemütlich? Trautes Heim? *Scheiße!* Räum das SOFORT weg!» Ich hab den Kopf eingezogen und alles in den Müll geschmissen.

Ich hab ihn gehaßt. Ich hab es gehaßt, daß die Mädchen ihm sechzig Prozent ihrer Einnahmen abgeben mußten. Also hab ich mir einen Trick ausgedacht und ein paar Mädchen überredet mitzumachen. Ich würde ihre Session nicht eintragen, sie würden alles Geld behalten und mir zwanzig extra geben. Dann hat mich ein Mädchen bei Lori, der Geschäftsführerin, verpetzt. Sie hat mich zu Hause angerufen. Sie hat mir gedroht. Ich hab sie ausgelacht.

Ich war gefeuert.

Tja, hab ich mir gedacht, dann suchst du dir eben in einem anderen Puff einen Job. Schließlich stimmte die Kohle. Ich konnte Dope rauchen und lesen und essen, und mir war klar, daß kein normaler Laden, bei dem ich mich vorstellte, mich mit meinen verfilzten Haaren und meinen Grotten-Klamotten jemals nehmen würde. Also hab ich mir ein Heft von *Screw* gekauft und über eine Annonce in der Biete-Job-Spalte einen Termin ausgemacht – in einem Haus an der 48th Street

Ecke Lexington Avenue, die Treppe hoch, über einem Delikatessenladen. Dieser Puff wirkte erheblich zwielichtiger. Kein Wohnzimmer. Keine schräghängenden Spiegel. Nur ein langer Korridor mit kleinen Zimmern zu beiden Seiten.

Eine ältere Frau in einem schmierigen schwarzen Kleid ließ mich rein und wies mich mit starrem Gesicht und wie mechanisch an, ihr den Korridor hinab zu folgen. Ich bin hinter ihr hergegangen und hab in eines der Zimmer gesehen. Hier gab es kein Holiday-Inn-Dekor. Nur ein leeres Zimmer mit einem Bett und einem völlig bekleideten Mädchen drauf, das an die Decke starrte. Am Ende des Ganges wartete die Frau.

«Hi!» habe ich gesagt und bin in das Zimmer getreten. «Ich habe Erfahrung als –»

«Mach's dir so bequem wie am Tag deiner Geburt, und ich bin gleich wieder da», hat die Frau gesagt.

«Nein, aber ... ich bin wegen dem Telefonjob hier ...»

Sie geht hinaus und schließt die Tür.

Ach du Scheiße. Was mach ich jetzt? Ich schätze mal, die denkt, ich könnte ein Bulle sein. Ich KANN mich nicht ausziehen. Ich bin zu fett. O mein Gott, ich brauch 'n Job.

Also hab ich meine Schuhe ausgezogen und meine Jogginghose runtergezogen. Und stand da, alleine, halb bekleidet, und habe mich umgesehen. Ich. Alleine. In einem Zimmer in einem Puff.

Ich hab meine Hosen hochgezogen und bin in meine Schuhe geschlüpft und zur Tür rausgegangen und den Korridor entlang. An der Treppe hab ich angefangen zu laufen, bis ich mich auf der Straße wiederfand, und die Straße voller Menschen, die ihrem normalen Leben nachgingen, wirkte wie eine Filmszene, die sich vor mir abspielte. Ich bin langsam bis zur Ecke gegangen, zu einer Telefonzelle, in die ich reingegangen bin, um aus dem Menschenfluß herauszukommen, denn mir war die Puste ausgegangen. Über das kleine Stahlregal gebeugt, hab ich geheult wie ein Schloßhund.

Als Kind war ich wie König Lear. Ich glaubte, ich würde *solche Dinge tun*.

Ami L'Amore

Darauf angewiesen, mich in einer Schattenexistenz aus Puffjobs zu verbergen, beantwortete ich eine Annonce, die Telefonarbeit von zu Hause aus anbot. Das führte mich zu einer Adresse in den East Fifties, um Ami L'Amore zu treffen. Ami schien um die Dreißig zu sein. Sie hatte eine schrille, weinerliche Stimme und blasse Haut, fleckig von zu lange nicht entfernter Schminke. Sie betrieb ihren Callgirl-Service von einem kleinen Wohnbüro aus, das mit durchgesessenen roten Plüschsofas mit Schonbezügen aus Plastik und Raumteilern maurischen Stils vollgestellt war.

Ich hab einen auf freundlich gemacht, mich auf das Plastiksofa gesetzt und mit ihrem verdreckten kleinen Pudel gespielt und hab die Zähne zusammengebissen vor dem Gestank von billigem Parfum, verkrusteten Aschenbechern und Hundepisse, der aus einem feuchten Stapel in die Ecke geknallter Boulevardzeitungen drang. Dadurch ermutigt, holte sie eine riesige gerahmte Fotografie von sich selbst hervor, oben ohne, kunstgerecht an einer griechischen Säule posierend. (Dieses Bild blieb während der ganzen Zeit, die ich sie kannte, an die Wand gelehnt stehen.) Ami erklärte mir, daß ihr Telefonanschluß in meine Wohnung umgeleitet werde, während sie und ein anderes Mädchen in Hotelbars Männer aufzureißen versuchten. Hatten sie Erfolg, würde Ami anrufen und mir die Zimmernummer und die vereinbarte Dauer durchgeben. Wenn die Zeit um war, rief ich zurück, um sicherzugehen, daß alles in Ordnung war, und so weiter und so fort. Und wenn ein «Kunde» anrief, war es meine Aufgabe, ihm die an diesem Abend verfügbaren Mädchen zu beschreiben, sie anzupiepen und dem Kerl aufs Hotelzimmer zu schicken.

Die ganze Nacht lang rief sie mich an, mit jedem Anruf betrunkener, aus dem Plaza, dem Vista, dem Intercontinental. In der Zwischenzeit hab ich in meiner Küche gesessen und Kunden, die ich nie zu sehen bekam, etwas über Mädchen erzählt, die ich nicht kannte, alles auf der Grundlage von Amis jeweiligen pornographischen Beschreibungen.

Zu Hause, zu Hause, ich war nur noch zu Hause. Zu Hause, zusammengesackt auf einem Stuhl, immer nur am Lesen. Die einzige Ausnahme waren die Stunden, wenn ich einen Requirierungs-Ausfall in den Tag wagte: für große Tüten voller Lebensmittel und Taschen voller Bücher. Bücher aus der Bibliothek, Paperbacks vom Ständer im Drugstore, eingeschweißte Bücher von einem Stand am St. Mark's Place, in Leder gebundene Bücher mit unregelmäßigen Rändern aus der Ära von Papiermesser und Streusandbüchse, alte orangene Penguin-Taschenbücher, die noch in Shilling und Pence ausgezeichnet waren.

Zu Hause hatte ich immer schon sein wollen. Zu Hause war ich nicht fett. Zu Hause konnte ich meine Freß-Klamotten tragen, wundervoll bekleckerte T-Shirts, rutschende Jogginghosen. Ich konnte kochen, essen und lesen, und niemand störte sich daran. Ich stand am Küchenfenster, verschlafen, gelangweilt, traurig, starrte auf die Autos und Leute hinab und zuckte zusammen, wenn das Telefon klingelte.

Eines Nachmittags, sechs Monate später, habe ich mein

wöchentliches Fünfer-und-Zehner-Bündel von Ami in Empfang genommen und bin losgegangen. Ich bin den ganzen Weg bis Downtown gegangen, durch die sich leerenden Straßen, die unterschiedlichsten Nachbarschaften, Block um Block. Ich bin die ganze Strecke bis zur Lower East Side gelatscht und hab da erst gemerkt, daß ich auf eine durchgedrehte, kichernde Art weinte.

Als ich zu Hause war, habe ich Ami angerufen. Ich habe am Telefon eine Stunde gebraucht, um zu kündigen, aber ich hab es getan. Ich mußte zurück in die Welt. Das war das Mutigste, was ich je getan hab – in eine Welt zurückzukehren, von der ich nicht sicher war, ob sie mich wollte.

Fae

Nel mezzo del cammin di nostra vita mi ritrovai per una selva oscura.

Auf der Mitte meines Lebenspfades fand ich mich in einen finstren Wald verschlagen. Wie Dante stieg ich, um meinen Weg wiederzufinden, zunächst hinab ... stieg hinab in einen übelriechenden, feuchten Kellerraum in der Nähe des Times Square, um bei einem Nachrichten-Service zu arbeiten. Ich hatte sogar meinen Vergil, meinen Führer, in der unerwarteten Gestalt eines einsachtzig großen, schwarzen Transvestiten namens Fae. Sie war wirklich groß. Großes Gesicht, große Lippen, lange rote Fingernägel. Und sie trug Unmengen roten Lippenstift, unheimlich dickes Pfannkuchen-Make-up, das dunkle Ringe in ihrem Hemdkragen hinterließ, und hautenge Jeans. Sie wohnte in Harlem in einem großen Apartment, mit einer Stereoanlage in jedem Zimmer und zehn Fernsehgeräten.

Fae war vom Heroin runtergekommen, bloß um mit einer krummen Tour bei der Invaliditätsversicherung aufzufliegen. Sie hatte bei der staatlichen Rentenbehörde gearbeitet, zusammen mit einer Freundin, die ihr Schecks ausstellte; anschließend teilten sie sich das Geld. Als sie ganz unten war, bekam Fae diesen Job bei einem jungen Juden, Marty, der einen Nachrichten-Service aufmachte. In Wechselschicht gingen sie ans Telefon und pennten auf einer alten Couch, damit sie rund um die Uhr erreichbar waren. Ungewöhnliches Duo. Großartige Freunde.

Auftritt: ich, in diesem fensterlosen Raum, angefüllt mit windschiefen, abgenutzten Büromöbeln. Tagsüber waren nur Fae und ich da. Zusammen saßen wir vor einem alten Schwarzweißfernseher, der den Sender nur hielt, wenn man ihn berührte. Abwechselnd haben wir einen Zeh an die Antenne gehalten und dämliche Filme geglotzt, bis die Sache mit dem Zeh zu nervig wurde und wir abschalteten. Ich verehrte sie.

Auch die Kunden verehrten sie. Ärzte, Rechtsanwälte, Börsenmakler riefen wegen ihrer Nachrichten an, und sie nahm den Hörer ab und brachte Sprüche wie: «Was! *Was* soll ich machen? Nein nein nein, Kindchen, alles, was ich machen muß, ist schwarz bleiben und sterben. Also, ich werd Sie mal was fragen. Wie dick ist Ihr Pimmel? Lügen Sie Fae nicht an, hey!» Und sie lachte und lachte und lachte, und die schluckten das einfach. «Fae», haben sie gebettelt, «darf mein Freund mal an den Hörer? Oh, Fae, könnten Sie meinen Freund beschimpfen?»

Wenn der Austräger vom Coffee Shop kam, sagte sie Sachen wie: «Hey du! Siehst du ihre Hände?» Sie zeigte auf mich. «Siehst du, wie *klein* diese Hände sind? Siehst du, wie *groß* dein Schwanz da aussehen würde?» Und der Typ lief raus, und ich wäre am liebsten im Boden versunken, und sie hat gebrüllt vor Lachen.

Niemand war vor ihr sicher.

Marty hatte einen ziemlich dicken Hintern, und die Hälfte hing ihm immer aus der Hose. Ich werde nie den Tag vergessen, als er sich über seinen Schreibtisch beugte, um sich einen

Stift zu nehmen, und Fae sagte: «Mein *Gott*! Seht euch diesen fetten Arsch an! Da könnt ja irgend so 'n Pisser bis zum Hals reinkriechen!»

Fae brachte auch Anekdoten über sich selbst, wie die über den Typ, der ihr das *Craftmatic*-Bett geliefert hat, und sie hat ihm einen geblasen, damit er es auf Kredit daließ. So war Fae eben.

«Clo», hat sie eines Tages zu mir gesagt, «du kannst diesen Rock nich mehr anziehn. Alle machen sich lustich über dich.»

«Ach, ist mir scheißegal!» hab ich gesagt. Aber innerlich bin ich vor Scham vergangen.

In der Hausmeisterloge zusammengekrümmt, die nach Ajax und Dreck stank, hab ich Joints geraucht, bin dann zurück an die Telefone gegangen, mit trockenem Mund und komplett durch den Wind. Mir ging's immer schlecht, ich war nur am Jammern: «Ich bin so fett. Ich bin so arm. Alle haben mehr Spaß als ich.» Und sie hat sich über den Schreibtisch gebeugt und mit einem langen roten Fingernagel aufs Telefon getippt und gesagt: «Es dreht sich nich alles um dich, Clo. So läuft die Party nich.»

Ungefähr ein Jahr nachdem ich diesen Job aufgegeben hatte, habe ich Fae angerufen. Ich bleibe nie in Verbindung mit Leuten von der Arbeit – das Verhältnis ist aufrichtig, aber ortsabhängig. Trotzdem habe ich Fae von Zeit zu Zeit angerufen. Sie hatte einen Schlaganfall gehabt. Sie sagte, sie wär okay, nur ihr Mund hinge ein bißchen schief. Ein paar Monate später hab ich angerufen und erfahren, daß sie einen zweiten Schlaganfall gehabt hatte. Vielleicht lag es an den Hormonen. Sie hat erzählt, daß sie im Krankenhaus, als sie sehr krank war, eine spirituelle Auferstehung erlebt hätte. Daß sie sich nach einem Leben voller Leiden, Unglück und

Unzufriedenheit entschlossen hätte, das zu sein, was sie war. Ein Mann.

«Ich bin jetzt Frank», hat er gesagt. «Ich bin sehr glücklich. Werde auch glücklich, Clo.»

«Guten Morgen! Shakespeare-Festival!»

Als Teenager hab ich bei Joseph Papps New York Shakespeare Festival gearbeitet. Das war der beste Job, den ich je hatte. Ich hab als Praktikantin angefangen und bin als Teilzeitkraft übernommen worden; hab in der Telefonzentrale gearbeitet, im Archiv, in der Jazz-Nachtbar, im Pressebüro. Der Public-Theatre-Komplex war der Mittelpunkt meines Universums. Ich kannte jeden Zentimeter des klassizistischen Sandsteinbaus, und jeder Zentimeter war faszinierend: die wundervollen Fenster-Erker, in die ich hinaufgeklettert bin, um das Stadtleben vorbeiziehen zu sehen, die unheimlichen Laufstege aus Eisengitter, hoch über einem schwach beleuchteten, leeren Bühnenbild, die Räume voller riesiger, schwankender Stapel Textbücher, Textbücher, Textbücher. Jedes Stück, das ich sah, war das beste Stück. Ich hab bei jedem Vorhang geweint. Ich hatte keinerlei kritische Distanz. Jeder, der dort arbeitete, jeder Erwachsene, der tatsächlich am Theater arbeitete, war mein Idol.

Ich bin wie ein Soldat über den obersten Rang des Anspacher Theatre gerobbt, hab auf dem Bauch gelegen und bei den Proben auf Meryl Streeps Kopf hinabgeschaut, oder ich bin hineingeschlichen, als eben die Lichter runtergedimmt wurden, hab mich heimlich ganz hinten auf die hintere Treppe geduckt, um zum zwanzigsten Mal Irene Worth, Raul Julia, Colleen Dewhorst zuzusehen. Ich war so stolz, dort zu sein. Dort, wo sogar die Büroartikel etwas Besonderes waren, denn selbst mit denen wurde Theater gemacht. Dort, wo es cool war, sich für etwas zu engagieren, wo es schick war, leidenschaftlich zu sein, wo man davon ausging, daß der andere dazugehörte. Einfach ans Telefon zu gehen und sich mit «New York Shakespeare Festival» zu melden bedeutete, daß ich ein Teil davon war. Ich war nur ein pummeliger Teenager in der Telefonzentrale, und trotzdem fragte mich Joseph Papp, was ich von der gestrigen Sprechprobe hielt, von der Premiere von gestern abend. Joseph Papp, der einzige Mensch, bei dem ich mich jemals gut benommen habe. Der einzige Boß, den ich jemals geliebt habe.

Ich wollte diesen Teenager wiederfinden. Zurück in die Zukunft. Das Zurück ins Jobgetümmel wurde nun erträglich durch die Low-Budget-Produktion von Stücken in schmutzigen Räumlichkeiten, knarzende Treppenhäuser hoch. Ich wollte Schauspielerin werden. Zurück in leergeräumte Kirchen und Studios mit billiger Auslegeware, Schauspielstunden nehmen, von einer Gruppe, die in Unterwäsche auf Stühlen saß und «Mommy» schrie, bis hin zu Grüppchen auf dem Fußboden, die zu Kerzenschein Shakespeare raunten. Alles, was mich draußen zum Außenseiter machte, machte mich geeignet für das Theater.

Bei der Arbeit auf der Bühne versucht man, eine Geschichte zu erzählen, eine Geschichte, in der es um einen selbst geht, so wie man sie erzählt, und gleichzeitig, in einem lebendigen Widerspruch, dreht sie sich um die Zuschauer. Auf der Bühne wird von einem *verlangt*, daß man spricht, *verlangt*, daß man lacht oder weint, und *niemals*, daß man «nur seinen Job macht».

CASTING CALL
Tänzer / Sänger / Schauspieler
8. 10., von 9.30 – 13.00 u.
14.00 – 18.00 im John Houseman
Theatre Center, Studio B,
450 W. 42 St. NYC

Mit meinem eigenen gelben Notizblock und einer Rolle Klebeband komme ich als allererste und klebe ein Blatt mit meinem Namen auf den dritten Platz der Liste. So werde ich nicht als erste reingerufen, noch bevor die Jury eine Chance gehabt hat, warm zu werden, und trotzdem werde ich früh genug fertig, um pünktlich bei meinem momentanen Job zu sein. Um acht Uhr hat sich das moderige Treppenhaus mit uns Hoffnungsfrohen gefüllt, wir umklammern unsere Fotos und Lebensläufe, für die wir bezahlt haben mit ungezählten Stunden Kellnern, Tippen, was auch immer.

Als ich dran bin, gehe ich in den Raum, wo drei Leute hinter einem Plastiktisch sitzen.

«Was werden Sie uns heute vorführen ...» (kurzer Blick auf mein Foto) «... Claudia?»

Ich setze mich auf einen wackligen Klappstuhl und versuche zu atmen, meine Zehen und Hände zu entspannen, mich daran zu erinnern, was mein Shakespeare-Lehrer über das Sonett gesagt hat, was mein Schauspiellehrer über den Monolog gesagt hat. Als ich fertig bin, kann ich mich nicht erinnern, was ich getan habe oder wie ich es getan habe. Ich bin mir sicher, daß das Lächeln und Dankeschön vor Bedauern und Mitleid nur so trieft. Ich hab nicht mal an meinen Job gedacht, aber jetzt fällt er mir wieder ein. Ich flitzte aus dem Gebäude, nur noch fünfzehn Minuten bis Schichtbeginn.

Selbst wenn das Vorsprechen mies gelaufen ist, ja sogar wenn man weggeht mit dem üblichen Post-Casting-Refrain auf den Lippen: «Ich hab's verbockt, ich hab mir nicht genug Zeit gelassen, zu sehr forciert, ist nicht mein Tag heute» – das ist völlig egal. Denn diese fünf Minuten, diese zwanzig Zeilen Shakespeare, Tschechow, Kondoleon, McNally sind das Beste am ganzen Tag. Für diesen kurzen Augenblick war man mehr man selbst, oh, sehr viel mehr, als der Mensch, der die Münze einwirft, um den Zug zu nehmen, die Ente zu servieren, die Nachricht aufzunehmen, den Tresen abzuwischen.

Und die Nerverei mit Wechselschichten, gekürzten Gehältern, mit gefundenen und verlorenen Jobs ging weiter:

ERFAHRENER
BARKEEPER GES.
Abends, Umgebung Wall St.

Ein China-Restaurant.

Die Sorte mit den Mu-Shu-Eibrötchen, mit einer kleinen dunklen Bar einen Stock tiefer. Der Eingang der Bar bestand aus zwei Schwingtüren, verziert mit zwei Cartoon-Drachen. Keine geheimnisvollen Märchendrachen, sondern grellbuntes, geflügeltes, gieriges Ungeziefer aus dunklen Grotten. Neben der Bar spielte eine Jukebox immer wieder dieselben debilen Songs. Ein großer Hit war *They're coming to take me away ha ha hee hee ho ho ho the funny farm where life is beautiful all the time* ... Gefolgt von dem wiederholten Rumms in *Another one bites the dust!* Rumms. *Another one bites the dust!* Rumms. *Another one bites the dust!* Rumms. *And another one down and another one down and another one bites the dust!* Rumms.

Ab ungefähr sechs Uhr traten die alten Knacker in Schlips und Kragen an, hängten sich über die Theke und murmelten «Dewar's und Wasser, Dewar's und Wasser». Die Jüngeren standen hinter ihnen mit Mädchen in seidenen Blusenkleidern und schmerzhaft-zierlichen Pumps (zu stehen bedeutete, man wollte sich nicht betrinken, man wollte flachgelegt werden), lachten, drängelten, tranken und wippten im Takt der Musik.

Dort hinter der Theke hab ich mich manchmal geduckt, einen Schrank geöffnet und schutzsuchend meinen Kopf hineingesteckt. Nur um mein Gesicht zu verbergen. Nur für eine Minute.

Gehen die denn nie *nach Hause*? hab ich mich gefragt. Sind die nicht *hungrig*?

Meine Chefs waren zwei ältere Chinesen. Sie waren okay, aber in der Hektik des Reinkommens, Vorbereitens und Abhauens bin ich mit ihren Namen durcheinandergekommen. Schließlich, als ich sie einmal zu oft verwechselt hatte, hat mir einer der beiden die Hand getätschelt und gesagt: «Nein, nein. Ich bin Benjamin. Der Dicke, ja? Jetzt wissen Sie's, ja?»

Allein dieses Tätscheln, dieser Anflug von Freundlichkeit, ließ mich zusammenzucken, und ich konnte die Tränen kaum zurückhalten.

Tschüs.

TELEFONISTIN GES.
Gesprächig, angenehmer Umgangston, $10 / Std.

Ein abgekartetes Spiel.

Ich kam in einen weißen, spärlich eingerichteten Raum an

der Upper West Side. Die einzigen Möbel waren ein Plastiktisch und zwei Plastikstühle. Auf dem Tisch zwei Telefone und viele große ledergebundene Firmenverzeichnisse (Dun & Bradstreets etc.). Mein Chef war ein junger Typ in gebügelten Jeans und mit einem zerknitterten Schlips. Er hatte einen Schnauzbart, der wie eine sorgfältig gestutzte Augenbraue aussah. Das Spiel? Ruf einen kleinen Abteilungsleiter in der Zweigstelle einer großen Firma in, sagen wir mal, Latrobe, Pennsylvania, an (die Namen hatten wir aus den Büchern) und stell dich als Sekretärin des Aufsichtsratsvorsitzenden vor. Mr. Großkotz möchte Mr. Underdog sprechen. Wenn Mr. Underdog den Namen von Mr. Großkotz hört, nimmt er oder sie den Anruf entgegen. Kein Problem.

«Hi, Mr. Underdog. Ich rufe aus dem Büro von Mr. Großkotz an. ... Ja. ... Er läßt fragen, ob Sie ihm nicht einen kleinen Gefallen tun könnten? Ein junger Freund von ihm macht seinen Abschluß in Harvard. ... Ja, ganz wundervoll. ... Jedenfalls besitzt dieser Freund einen kleinen Posten Schreibwaren, den er liquidieren muß, bevor er auf die Graduate School kommt. Mr. Großkotz hat schon einen Teil der Restbestände aufgekauft und dachte, daß ... Aber warum lasse ich Sie nicht selbst mit ihm reden?»

Das war mein Job. Den Kerl bloß ans Telefon zu kriegen, und mein Chef erledigte den Rest: verkaufte ihm kartonweise gestohlene Stifte.

Nach einem Tag hab ich gekündigt. Vielleicht war es das Lügen. Vielleicht war es der Schnauzbart.

VIELSEITIGER KOCH GES.

Gute Bezahlung

Schickes Café downtown.

An meinem ersten Abend sagt der Boß: «Okay. Einmal Linguini mit heller Venusmuschelsoße», und *ich kriege die Muscheln nicht auf.* Schwitzend, völlig fertig, die Hände aufgeschlitzt, sehe ich schließlich zu ihm auf und breche in Tränen aus. Er war sehr nett zu mir. So nett allerdings, daß ich plötzlich merkte, daß er versuchte, mich zu küssen.

Vermutlich mußten sie nach meinem Abgang die Spezialitäten des Hauses ändern.

ERF. FRÜHSTÜCKSKOCH GESUCHT
Fire Island Pines – für sofort.
Zimmer gratis

Genau wie es in der Annonce stand.

Ich hatte das große Los gezogen! Ich würde an den Strand gehen! Ich war im Land von Wonne und Sonne, brachte meine Schicht hinter mich und lief dann um vier Uhr nachmittags zu den wüsten «Tanztees». Es machte mir nichts aus, daß ich dort die einzige Heterofrau war. Alle, mit denen ich zusammenarbeitete, brachten mich zum Lachen, bis ich quiekte wie ein Ferkel. Ich hatte so viel Spaß.

Bis mich das Arschloch, das die Küche führte, gefeuert hat.

Zu diesem Zeitpunkt hatte ich soviel Erfahrung mit dem Gefeuertwerden (Mensch, ich bin 'ne ganze Ecke öfter entlassen worden, als dieser Typ jemanden rausgeschmissen hat), daß er nervöser war als ich. Also hab ich ihm erzählt, ich könne nicht vor Ende der Woche gehen. Er hat aus einem merkwürdigen Schuldgefühl heraus zugestimmt. Vier Tage, drei Nächte. Luxuriöser Badeort.

GARDEROBENFRAU GES.
Gepflegtes Äußeres

Heruntergekommenes Midtown-Restaurant.

Ich bin in den einzigen vorzeigbaren Kleidungsstücken aufgetaucht, die ich besaß: einem Paar marineblauer Knöpfhosen, einem gut gebügelten Herren-Pyjamahemd vom Grabbeltisch und einer Baskenmütze. Die Kellnerinnen trugen allerdings Bodys, Nylonstrümpfe, hochhackige Schuhe und ... sonst nichts. Ich nahm den Männern Hut und Mantel ab und hielt mein Gesicht Buster-Keaton-neutral. *Ich war nicht freundlich.* Ich haßte die Männer, die dort saßen, aßen und die Körper der Mädchen anstarrten, wenn sie mit Tabletts kämpften und sich streckten, um Drinks zu servieren.

Eine Woche.

SCHAUSPIELER GESUCHT
Einmalige Aufführung. $150,–

Eine Parade zur Hundertjahrfeier der Brooklyn Bridge mit Figuren aus den Erzählungen von Washington Irving.

Ich trat um fünf Uhr früh in Brooklyn an und durfte feststellen, daß ich *Mrs.* Rip van Winkle war.

Gekleidet wie Bekloppte ließ man uns über die Autospuren der Brücke *rennen*, Autospuren, die mit Metallnoppen gepflastert waren, die sich bei jedem Schritt in unsere Füße bohrten. Ein Inder mit einem Walkie-talkie hat uns vor sich hergescheucht und gerufen: «Schneller, *Leude*, bitte, *Leude*, schneller!» Neben uns fuhr ein Typ mit einem pinken Neon-Bart her, als Zwerg verkleidet, und hat von der Höhe seiner Pferdekutsche herab gerufen: «Tritt nicht in die Kacke!»

In der Menge klappten die Kiefer runter. Sie hatten keine Ahnung, wen wir vorstellten. Einer hat auf den Typ gezeigt, der als Ichabod Crane verkleidet war, und hat gekreischt: «HEY! Da ist Abraham Lincoln!»

Wir bekamen ein Mittagessen in der Kantine einer Versicherung spendiert. Wir blieben dort stundenlang, wankten ungeniert mit turmhoch gestapelten Tabletts mit Gratis-Fressalien zurück an unsere vollgestellten, verqualmten Tische, während der Leiter unbehaglich zugesehen hat, unschlüssig, wie er uns loswerden sollte, unsicher, ob wir jemals gehen würden.

Unveränderlich war und ist nur meine nächtliche U-Bahn-Fahrt. Ich trotte durch die unterirdischen Gänge und warte auf den Zug mit den polnischen Putzfrauen, großartige, statueske Frauen mit breiten, flachen Gesichtern und Goldkronen, Kopftüchern unter dem Kinn verknotet, die unvermeidlichen Duane-Reade-Drugstore-Tüten zwischen den Beinen, geduldig in Reih und Glied, während sie sich lauthals etwas auf polnisch zurufen. Der Zug fährt ein, und wir schieben uns hinein. An den ratternden Waggontüren stehen Grüppchen südamerikanischer Aushilfskellner mit schönen Aztekengesichtern und reißen Witze, in ihren schwarzen Hosen und weißen Hemden, deren Kragen jetzt offenstehen und schimmernde Goldkettchen auf weicher brauner Haut sehen lassen. Discokids aus dem East Village hängen an den Stangen, in ihrem stilsicher zerfetzten Outfit, kichern über den

Fahrer, der jede Station im salbungsvollen Ton eines Luxuskarossen-Werbespots ankündigt.

Gleich muß ich raus.

Endlich bin ich zurück von der Arbeit.

Korrekturlesen

Dieser Aktien-Optionsschein («Schein») [Gemäß den Bestimmungen der Börsenaufsichtsbehörde] wurde heute, den 13. Oktober 1989, abgeschlossen von und zwischen der GEBRÜDER GRIMM Inc., einem Londoner Unternehmen mit Hauptgeschäftssitz c/o Hänsel & Gretel ...

Korrekturlesen: Zwei Menschen sitzen an einem Tisch. Der eine starrt auf ein Blatt Papier, während der andere das Dokument vorliest, in einer bizarren Mischung aus obskurer verbaler Stenographie und körperlichen Zuckungen:

Dieser Fingerschlag **Aktien** «Bindestrich» **Optionsschein** «Schein Def Klammer auf Gemäß den Best der Fingerschlag Börsaube Klammer zu» **wurde heute** Komma **den** «Zahl dreizehn Punkt» **dreizehnten** Fingerschlag **Oktober** «Zahl eins neun acht neun Komma» **abgeschlossen von und zwischen** Handklatschen **der Gebrüder** Handklatschen **Grimm** Handklatschen «Inc Punkt Komma» **einem** Fingerschlag **Londoner** Fingerschlag **Unternehmen mit Hauptgeschäftssitz** «zeh Klopfen oh» **c/o ...**

Die zufällige Begegnung an einer Straßenecke mit einer Freundin namens Cindy hat mich dazu gebracht. Nach ein paar Stunden Ad-hoc-Unterricht in Coffee Shops, gefolgt von mühseligen Zehn-Seiten-Tests bei der Zeitarbeitsvermittlung war ich tauglich für den Job.

Beim ersten Anruf haben sie mich zum Drucker der Börsenaufsicht geschickt. «Das ist normalerweise eine lange Schicht», haben sie bei der Agentur gesagt. «Fünfzehn Stunden oder so. Schaffen Sie das?»

«Na klar.»

Als ich um fünf Uhr nachmittags ankomme, werde ich von einem Wachmann in einen mit sehr hellem Holz getäfelten Konferenzraum geleitet. In der Mitte befindet sich eine Glaskabine voller stämmiger Prolltypen, die Druckplatten einsetzen, um seitenweise Fusionierungsverträge und Optionsscheine zu drucken. Diese Typen halten achtlos diese ganze Welt der gestreiften Krawatten und Dollarmillionen in Händen. Drum herum, plaudernd und rauchend, stehen fünf weitere Leute in meinem Alter und warten darauf, daß das Dokument gedruckt wird.

Mir hat man eine Komplettkorrektur mit Partner zugeteilt. Das Essen wird nachts um eins reingebracht. Wir ordern Hummer, Steak, Krautsalat und Pommes. Es geht zu wie auf einer Dinnerparty. Wir lachen, reichen herum und schenken uns gegenseitig nach. Keiner von uns hat in letzter Zeit so reingehauen. Mein Gott, denke ich, das macht Spaß, *und* ich verdiene achtzehn Dollar die Stunde! Wenn ich morgens um neun Feierabend habe, wartet unten ein Wagen mit Chauffeur, um mich nach Hause zu bringen.

Ich habe fünf Jahre lang ununterbrochen als Korrektorin gearbeitet und hatte nie wieder so eine Nacht.

Als Korrektorin in der Mitternachtsschicht löst man sich aus der normalen Zeit heraus, trennt sich vom Lebensrhythmus der Menschen um einen her. Von einem Abend-Nickerchen erwacht, zieht man sich für die Arbeit an, wenn es in den Restaurants nur so brummt. Um Mitternacht fängt man an. So weit, so gut. Kurz vor Sonnenaufgang wird es richtig schlimm. Dann packt einen eine scheußlich wehe Stimmung, und man könnte fast heulen bei dem Gedanken, seinen Kopf nur einen einzigen Augenblick lang auf den Tisch zu legen. Aber man läßt es sein, denn a) ist das verboten und b) würde man so schnell in einen Traum hinübergleiten, daß es sich, wenn man sich aufsetzen muß, anfühlt, als hätten sie einem einen Nagel ins Hirn gerammt.

Wenn man um acht Uhr früh von der Arbeit kommt, hat man dieses erschöpfte, schmuddelige Gefühl wie nach einem langen Flug. Jetlag am Schreibtisch. Wenn man ins Freie kommt, zuckt man zusammen. Der Tag ist zu laut, das Licht zu hell, die sauberen Morgen-Passanten wirken außerirdisch, während man den Bürgersteig entlanggeht, blöde grinsend vor Erleichterung.

Wenn man aufwacht, ist der Tag schon halb rum, und man ist erledigt von der Arbeit. Die einfachsten Verrichtungen verlangen herkulische Kräfte, alles, woran man denkt, ist Schlaf.

Ich hab eine Vollzeitstelle in einer Traditions-Kanzlei bekommen, wo die Anwälte im Büro die Crème de la crème waren. Sie schufteten wie Tiere, aber für Geld wie Heu, und wo das herkam, da war noch mehr zu holen. Den ganzen Tag freundliches Getue, uralte Juristenwitze, Spitznamen erfinden für die fiesesten Partner, Diskussionen über das rituelle Wochenendbesäufnis, die Sommerhäuser in den Hamptons. Manchmal hab ich während einer Zwölf-Stunden-Konferenz in einer Ecke gesessen, ein Dokument korrigiert, und niemand hat mich auch nur eines Blickes gewürdigt. Einmal allerdings, als ein junger Anwalt sich an die Einzelheiten eines Films zu erinnern versuchte, den er gesehen hatte, wagte ich, mich am Gespräch zu beteiligen.

«Oh!» sagte ich und sah auf. «Der wird in der Music Hall gezeigt! Oh, ich liebe *Die 39 Stufen*!»

Ein kalter Hauch ging durch den Raum, ein höfliches Lächeln blitzte auf, und dann kam diese grauenhafte Gänsehaut der Erkenntnis, daß ich eben in einem winzigen Punkt das Falsche getan hatte. Schamgefühl überkam mich, und ich blickte nieder, gab vor zu lesen, absurderweise verletzt. Ich kam mir vor wie acht.

Meine Schichten waren lang und ruhig, angefüllt mit Bleistiften und Wörterbüchern und Partnerkorrektoren, die mit den Fingern klimperten. Lange, eintönige Nächte, der Wagen mit Chauffeur ein sonderbar luxuriöser Klecks Crème fraîche auf einem Butterkeks. Während dieser Zeit bin ich auf meinem Heimweg an einem Friedhof vorbeigekommen. Ich weiß, ich weiß, hab ich jeden Abend gesagt. Ich weiß, ich hab Glück, daß ich lebe. Sogar wenn ich in meiner stickigen Bürokabine über einem völlig unleserlichen Kontrakt schwitze.

Eines Nachts wurde die Routine durchbrochen, und man schickte mich in die Druckerei. Ich war aufgeregt.

Um drei Uhr nachts hing ich mit zwei jungen Typen rum, Korrektoren von anderen Anwaltskanzleien. Wir können es locker angehen lassen, also sitzen wir in dem luxuriösen Konferenzraum, trinken Mineralwasser und schauen auf dem riesigen Fernseher einen Pornokanal. Wir tauschen eben den neuesten Zeitarbeiter-Tratsch aus, als plötzlich die Tür aufspringt und ein Yuppie-Anwalt hereinschreitet.

«Okay», sagt er, den Blick auf die Akten gesenkt, «ich möchte, daß das sorgfältig mit dem Original abgeglichen wird. Achten Sie darauf, daß ...» Er hört den Fernseher, dreht sich zum Bildschirm um, und der Satz bleibt ihm im Halse stecken. Er sieht die gynäkologisch-detaillierte Nahaufnahme einer nackten, sich windenden Frau.

In stillschweigender Übereinkunft geht niemand von uns darauf ein, was passiert, und wir blicken ihn unschuldig an.

«Äh, äh ... unterstreichen Sie die Änderungen ...», sagt er und starrt jetzt krampfhaft auf den Tisch. Aus dem Fernseher in seinem Rücken dringt Gestöhne und feuchtes Schmatzen.

«Entschuldigen Sie?» Ich stelle ihm eine Frage, nur damit er mich ansieht. «Was ist mit den Bleistift-Zusätzen?»

«Äh, ja, ignorieren Sie alle Änderungen, die mit Bleistift markiert sind ...»

Die Pornogeräusche aus dem Fernseher werden immer wilder. Unsere verbindlichen Gesichter lächeln zu ihm auf, während die Geräusche allmählich anschwellen. Er stottert noch einen Halbsatz, fummelt an der Türklinke und eilt hinaus, und wir drei schmeißen uns auf den Boden, lachen auf diese lautlose, krampfhafte Art, von der man Bauchschmerzen kriegt, rollen auf den Rücken und zappeln mit den Beinen in der Luft.

David, der Chefkorrektor der Kanzlei, war auf einem ziemlichen Mackertrip. Die Haare sind ihm ausgegangen, und er hat sich den Rest nach vorne gekämmt, wie eine Caesarenbüste. Wenn er auch nur roch, daß man jemanden mochte, gern mit jemandem zusammenarbeitete, ließ er einen nie mit ebenjenem zusammen Korrekturen lesen. Noch schlimmer, man mußte an seinen Tisch kommen und ihm Bescheid sagen, wenn man auf die Toilette ging.

Ein paar Wochen am Stück – vielleicht, weil David gerade jemand anderes schikanierte – war ich meinem Freund Jorge zugeordnet, der groß und attraktiv war, witzig und schlau. «Und in Kabine Nummer zwei, Claudia und Jorge.» Jesus, die Freude, die absolute, gottverdammte Freude, die ich in diesem Moment empfand!

In der Mittagspause sind Jorge und ich um die Ecke ins Cabana Carioca gegangen, wo es für drei Dollar ein Dinner zum Mitnehmen gab. Wir sind zurückgetrippelt, mit beiden Händen unser Gedeck aus Hähnchen, Bohnenrisotto und Kartoffeln tragend, haben auf der Straße mit der Ausgelassenheit von Teenagern gelacht, glücklich, draußen zu sein. Wenn man ins Büro zurückkam, tauchte man gleichsam ins Wasser hinab, dieselbe unnatürliche Stille, derselbe Luftmangel.

Diese brasilianischen Gelage waren unser Ruin. Eines Abends, als ich Jorge eben freudig zunickte, den Mund voll Bohnenrisotto, blickte ich auf und sah David in seiner ganzen römischen Glorie am Fenster unserer Kabine stehen und haßerfüllt auf uns niederstarren.

Drei Tage später war ich arbeitslos.

Diesmal wollte ich allerdings nicht einfach einen neuen Job. Ich wollte etwas, auf das ich mich freuen konnte. Ich wollte nach Italien. Ich wollte Teil eines Landes sein, das die Eigenschaft besaß, die ich brauchte: Schönheit. Nicht die glitzernde, eng anliegende Sorte, sondern die üppige, grandiose. Ich wollte ein italienischer Filmstar werden, wie Silvana Mangano oder Anna Magnani, eine glamouröse Frau aus dem goldenen Zeitalter italienischer Filmemacher – Fellini, Visconti, Pasolini. Eine Frau, die ihr Haar mit schicken Seidentüchern band, die abgefahrene Sonnenbrillen trug, die ihre Augen verbargen und sie undurchschaubar und geheimnisvoll wirken ließen.

Ich war nur noch am Schuften und sparte jeden Penny. Ich arbeitete endlose Stunden in einem Labyrinth aus Schreibtischen, hinter eine graue, polyesterbespannte Trennwand gebückt, während ich leise mit einem Freund telefonierte und mit aufgebogenen Büroklammern in der Wand neben meiner Nase herumstocherte.

Eines Abends, als ich im Fahrstuhl nach unten fuhr, ging

die Tür auf, und ein Typ stieg dazu, eine niedere Charge mit einer häßlichen Krawatte.

«Hey!» sagte er. «Ich hab gehört, Sie fahren nach Italien!»

«Ja», sagte ich vergnügt. «Noch drei Wochen, dann bin ich hier weg!»

Er hat mich angesehen, gelächelt und gesagt: «Noch dreißig Jahre.»

La dolce vita

Ich bin in Italien, in Mailand, gelandet und hab viele, viele Züge genommen. Im letzten, zwischen Terontola und Perugia – einem überhitzten, schweißtreibenden kleinen Waggon mit glatten Holzbänken –, hab ich zwei elegante Italienerinnen kennengelernt, die mir ein Eis spendierten. Ich habe sie amüsiert, indem ich ihnen das «Kennenlernen»-Kapitel aus meinem Italienisch-Sprachführer vorlas, das mit beunruhigendem und lächerlichem Tempo von «Hi! Ich bin Amerikaner und besuche Italien» zu «Ich wohne hier alleine. Seien Sie bitte leise!» fortschritt.

In Perugia sah man von meinem Schlafzimmer hinaus über rote Schindeldächer, und meine Schule war ein Palazzo mit Kronleuchtern aus Muranoglas und gold und grün verzierten Tischen. Ich hab auf gepflasterten Straßen gekichert, mit *gelato al limone* im Mund, und stand in kühlen, dunklen Kirchen vor Fresken mit wunderschönen Engeln in kalkig-blauem Gewand. Spätabends, bei geschlossenen Fensterläden, hat mir ein Junge aus Siena in meinem Schlafzimmer die Leinenbluse beiseite gezogen, um meine sonnenverbrannten Schultern zu küssen, und ich hab die Augen zugekniffen und die Zähne zusammengebissen und mich an einen Augenblick der Verzweiflung in Brooklyn erinnert, als es so aussah, als hätte ich alles verbockt. Als würde ich nie jung sein, als würde nie etwas passieren, als würde ich mich für immer durch den

den Autoverkehr schleppen, um mich in meiner Wohnung zu verstecken, und das wär's dann. Und jetzt war ich hier. Ich hatte mich geirrt. Ich hatte recht behalten.

Noch eine Zugfahrt, diesmal von Perugia nach Rom, eine ganz andere Zugfahrt, jetzt, wo ich Italienisch gelernt hatte, flirten gelernt hatte, jung sein gelernt hatte. Ich wollte nach Rom, um meine Metamorphose abzuschließen. Jetzt war ich bereit, ein Filmstar zu werden. Ich vervollkommnete meine Technik, indem ich mich in dem übte, was ich die Kunst des Spekulierens nannte.

Du sitzt lässig auf einem Stuhl auf der Piazza Navona, am späten Nachmittag, wenn die Sonne die ockerfarbenen Mauern der Stadt bescheint und das Licht die Farbe von Honig annimmt. Du erblickst einen Mann. Er ist groß, elegant, Italiener. Er geht an deinem Tisch vorbei.

«Scusa ...», sagst du mit tiefer Stimme und blickst hinter deiner Sonnenbrille vor, ein bißchen dramatisch, à la Hut und Handschuhe in Schwarzweiß gefilmt, *«... hai da cendere?»*

«Certo, bella», sagt er und zieht eine Schachtel Streichhölzer aus einem makellosen Anzug, einem modischen Jackett, einem perfekt gebügelten Businesshemd hervor.

«Grazie», sagst du und läßt ihn deinen Mund betrachten, deinen lippenstiftbemalten Mund.

Er hat sich leicht heruntergebeugt, du mußt dich also näher zu ihm hinlehnen, näher an die Flamme. Du läßt die Zigarette nicht aus den Augen, während du deine Hand ausrichtest, indem du seine ganz zart mit dem kleinen Finger berührst. Dann schaust du ihm ins Gesicht und wartest den genau bemessenen Augenblick ab, den er braucht, bis er das Streichholz ausgeschnippt hat und deinen Blick erwidert.

«Prego», murmelt er.

Eine alltägliche Begegnung, nur für einen Moment treffen sich die Blicke, und in einem kurzen Zögern wird der komplette Tango der Geschlechter durchgespielt.

Du feilst weiter an der Kunst des Spekulierens und sitzt auf der Piazza Navona. Dieselbe Stelle, dieselbe Tageszeit. Du siehst dem *passeggiata* zu (dem rituellen Schlendern der Menschenmenge um den Platz), als ein Mann, der an deinem Tisch vorbeikommt, dich sieht und eine Vollbremsung hinlegt. In Italien gilt so was nicht als anomales Verhalten. Warum er angehalten hat? Weil DU da bist.

Langsam drehst du den Kopf, schiebst sacht die Brille runter. Du bist nonchalant – was nicht ganz einfach ist, denn in diesem Moment ist ihm die Botschaft so unverblümt, so eindeutig aus den Augen zu lesen – *«Oh, cara, ti prendo e ti faccio morire»* (Oh, Süße, dich nehm ich und bring dich zum Schreien) –, daß du kichern möchtest. Tja, denkst du jetzt, ich kann der Zunge nicht widerstehn, die meinen Hals hinabfährt, dem sich Aufbäumen, immer mehr ...

Das ist der kritische Augenblick. Der Augenblick, in dem du weißt, daß ein Blick in seine Augen dich so nervös macht, daß sich deine Pomuskulatur zusammenzieht. In diesem Augenblick mußt du kurz lächeln und weggucken (du brauchst unbedingt eine Zeitung). Er wird geduldig stehenbleiben, er weiß, daß du weißt, daß er noch da ist, und sich danach sehnen, daß du den Blickkontakt wieder aufnimmst. Doch du liest blind deine Zeitung, hältst den Atem an, als du die Röte deinen Hals heraufschleichen spürst, und du bist sicher, wenn du jetzt wieder aufblickst, wird das Thema sehr schnell vom Spekulieren zum Kopulieren wechseln.

Er wartet einen Augenblick, zuckt dann gleichzeitig die Achseln und zieht einen Schmollmund und schlendert von dannen. Du atmest langsam aus, nippst an deinem Campari, fühlst dich berauscht und verwegen, und du hast alles im Griff.

Italienisch zu sprechen, Café-Spielchen abzuziehen, war *meraviglioso*, aber es war nicht genug. Ich wollte glauben können, daß Rom mich wirklich wollte. Nicht bloß, weil ich das Geld für einen billigen Flug zusammengespart hatte und bei einem Freund wohnen konnte, sondern weil ich hierhergehörte.

Also hab ich ein luftiges, lavendelfarbenes Kleid mit passenden Strümpfen und Spitzenhandschuhen angezogen und mich durch die Eingangskontrolle in Cinecittà, dem größten Filmstudio in Rom, geblufft. Die sagenumwobene Cinecittà. Auf dem Vorplatzrasen stand an diesem Tag ein fünfundzwanzig Meter hoher Pappmaché-Elefant in einem bestickten Umhang, der von einem Fellini-Film übriggeblieben war.

Ich bin umhergewandert und hab versucht, so auszusehen, als wüßte ich, wo ich hinwollte, und hab eine Tür mit der Aufschrift CASTING erblickt.

«Los, geh rein!» hab ich mir gesagt. «Geh rein!»

Ich bin eingetreten und habe mich selbstbewußt einem Herrn Cinieri vorgestellt. Er war ein älterer Mann und sehr höflich (er hat mir meine Geschichte abgekauft: eine junge, erfolgreiche Schauspielerin, die aus einer Laune heraus hier vorbeischaut). Er hat mir einen Stuhl angeboten, einen Drink, eine Zigarette. Aber als ich ihm erzählt habe, daß ich Arbeit suche, hat er die Hände gehoben und den Kopf geschüttelt.

«Ah», sagte er wohlwollend, «aber ich möchte Ihnen helfen. Ich werde eine Agentin anrufen, und vielleicht ...»

Durch den Zigarettenqualm blinzelnd, hat er den Hörer genommen, eine Nummer gewählt und Sätze heruntergerattert, in denen mein Name vorkam und Wörter wie *«New Yorkese ... simpatica»*, immer und immer wieder. Er hat aufgelegt und eine Adresse auf ein Blatt Papier gekritzelt.

«Gehen Sie sofort dorthin!»

Die Agentin war eine junge Spanierin, die in verschiedenen Sprachen ins Telefon brüllte und gleichzeitig Zeitschriften durchblätterte, die ausschließlich über Prinzessin Caroline von Monaco zu berichten schienen. Irgendwann hat sie den ans Telefon gekriegt, den sie haben wollte, und hat mich zu einem Termin bei einem Regisseur geschickt, der einen Film über Bordelle drehen wollte. Na prima, hab ich mir gedacht. Endlich mal ein Vorstellungsgespräch, bei dem ich nicht lügen muß, wenn es um die richtigen Erfahrungen geht.

Ich bin am nächsten Vormittag zu ihm gefahren, in einem tief ausgeschnittenen schwarzen Kleid, hochhackigen Schuhen und mit tonnenweise Make-up. Die Augen des Taxifahrers haben die gesamte Strecke über am Rückspiegel geklebt. Ich hab im Vorzimmer gesessen, habe versucht, nicht zu schwitzen, rasend vor Durst, aber ich wollte meinen Lippenstift nicht verschmieren. Ich hab gehofft, ... ich weiß nicht, auf was ich gehofft hab, aber ich konnte es nicht erwarten, daß das Gespräch endlich vorüber war und ich wenigstens eine Anekdote hatte, die ich meinen Freunden beim Mittagessen erzählen konnte. Ein Assistent geleitete mich in das Büro des Regisseurs, eines schmierigen, krötenhaften Mannes mit einer dicken Zigarre. Ich hab vor ihm gesessen und versucht, so sexy zu wirken, wie ich nur konnte: Brust raus, mit den Wimpern klimpern. Ich wollte diesen Job.

Er hat sich in seinem Sessel zurückgelehnt und mich mit tränensackbehangenen, halbgeschlossenen Augen angestarrt.

Ich wagte ein *«Buon Giorno»*.

«Ich spreche Englisch», hat er ausdruckslos gesagt. «Singen Sie?»

«Ja!»

«Macht es Ihnen etwas aus, ein aufreizendes Kostüm zu tragen?»

«NEIN!» lachte ich. «Das mach ich jedes Wochenende, und da sind nicht mal Kameras dabei!»

«Okay», hat er unverbindlich geantwortet. «Sie hören von uns.»

Ich bin nach New York zurückgekehrt und habe gewartet. Drei endlose Wochen später hat morgens um halb sechs das Telefon geklingelt. Meine Agentin war dran. Ich hatte die Rolle! Ich hatte einen wirklichen Grund nach Rom zu gehen. Ich bin nicht einfach so «nächste Woche nach Rom» geflogen. Ich *mußte* nächste Woche nach Rom. Jetzt mußte ich ein vielschichtiges Szenario für die Anwaltskanzlei entwickeln, bei der ich Korrekturen las. Krankheit, Bankrott, Familientragödie – es gab keine Lüge, die ich nicht aufgetischt hätte, um in dieses Abenteuer zu starten.

Ich bin am Abend vor meinem «Auftritt» in Rom angekommen und noch vor Morgengrauen auf dem Schlafsofa in der Wohnung meines Freundes aufgewacht. Ich hab mir die Haare gewaschen und einen Bademantel geschnappt – die einzige Anweisung, die ich bekommen hatte – und bin hinuntergegangen, um in der Dunkelheit an einer römischen Straßenecke zu warten. Schließlich ist ein drahtiger junger Typ mit zurückgekämmten Wet-Gel-Haaren und schlaftrunkenen, sexy Augen in einem winzigen Fiat 500 aufgetaucht. Er hat mich herangewinkt. Schaltend und steuernd, mit einer baumelnden Zigarette zwischen den Lippen, hat er ununterbrochen erzählt, daß es seine Verdauung ruiniert, wenn er so früh aufsteht. Ein paar Ecken darauf haben wir ein großes neapolitanisches Mädchen namens Laura mitgenommen. Es stellte sich heraus, daß unser Fahrer ebenfalls aus Neapel kam, und die beiden haben sich den Rest der Fahrt in einem unverständlichen Dialekt unterhalten. Ich hab währenddessen hinausgeschaut, auf die bizarre Mischung aus römischen Ruinen und modernen Schaufenstern, die an meinem Fenster vorbeizog, und hab versucht, die Erster-Tag-in-der-neuen-Schule-Bauchschmerzen zu ignorieren.

Wir fuhren bis in die Vororte von Rom hinaus und hielten vor einem schäbigen kleinen Studio. *Nicht* Cinecittà. Laura und ich gesellten uns zu einer Gruppe von fünfzehn jungen Frauen, die in der obligatorischen römischen Straßentracht aus Minirock, breitem Gürtel und Pumps um einen Typ mit einem Klemmbrett herumstanden. Er hat uns in die Garderoben gescheucht, und auf meiner, hab ich gesehen, steht mein Name. Schließlich bin ich die Sängerin.

Ich bin so aufgeregt, daß ich kaum Luft bekomme. ICH BIN EINE FILMSCHAUSPIELERIN! IN ROM!

«Okay ragazze, spogliatevi e andate direttamente a makeup!» («Okay, Mädels, zieht euch aus und geht dann gleich in die Maske!»)

Schminken? Ich liebe Schminke. Besonders die sahnetortendicke Fotoschminke. Die Hol-die-Kinderschmiere-raus-und-mach-aus-mir-eine-erwachsene-Frau-mit-einem-völlig-ausdruckslosen-Gesicht-Schminke.

Ich hab mich auf einem Stuhl wiedergefunden, und die Maskenbildnerin, eine ältere Italienerin in Morgenrock und Pantoffeln, hat mich kaum angesehen, als sie mein Gesicht mit einer dicken Schicht Grundierung zugeschmiert hat. Kabukiweiß. Mit passenden Augenbrauen. Als nächstes folgten lange, schwarze Fettstift-Falten, die mir bis zum Haaransatz gingen, und breite Pandaringe unter meinen Augen. Neben mir saß ein Mädchen, das genauso blaß war, nur hatte es rote Lidschatten und mitten auf der Stirn einen großen schwarzen Punkt. Mir wurde ein bißchen unbehaglich. Die Maskenbildner-Matrone hat mein leidgeprüftes Gesicht zu sich hingedreht und meinen Mund mit einem Lippenstift in der Farbe und Konsistenz von Tomatenmark bemalt. Sie hat mein Haar zu einer wüsten, krausen Mähne zurechtgezupft. So hatte ich mir das nun überhaupt nicht vorgestellt. Ich wollte Glamour. Statt dessen hab ich ausgesehen wie das Produkt einer Kreuzung zwischen einer Bensonhurst-Tusse und einem Klingonen aus *Raumschiff Enterprise*.

Der Kostümbildner kommt rein. Er ist Schweizer. Sehr schwul. Mit einem unverhohlen höhnischen Lächeln musterte er uns von Kopf bis Fuß und befahl uns auf italienisch mit deutschem Akzent, uns vor seiner Tür am Ende des Korridors aufzustellen. Ich schwor mir, mich von dieser Swiss Miss nicht einschüchtern zu lassen.

Komme, was da wolle.

Wir sind hinausgetrottet und haben uns aufgestellt und haben alle schwächlich gegrinst, als das erste Mädchen hineingegangen ist. Wir haben gewartet und versucht, uns nicht gegenseitig anzustarren. Die Tür ging auf und das Mädchen kam heraus. Sie trug einen kleinen Seemannskragen und eine kleine Schiffermütze. Und sonst nichts. Ungerührt hat sie sich ihren Bademantel übergezogen, ist zu den Garderoben gegangen, und das nächste Mädchen ist hineingegangen.

Die Tür ging zu.

Die Tür ging auf.

Das Mädchen, das herauskam, trug die Jacke einer Tambourmajorin, überzogen mit Tressen und Epauletten. Und ein Kellnerportemonnaie. Und sonst nichts. Sie war sichtlich nervöser als ihre Vorgängerin und hielt das Portemonnaie fest vor den Unterleib gepreßt. Sie hatte einen wundervollen Körper.

Mir ist zum Heulen. O mein Gott. Das hier hat der Regisseur mit «aufreizend» gemeint. Ich hatte eher an weit ausgeschnittene Samtkleider, Stützbüstenhalter und *lange Handschuhe* gedacht. Die Tür ging wieder auf, und ein Mädchen lief kichernd zu ihrer Freundin hinüber. Sie hatte eine Armbanduhr um.

Ich bin die nächste.

Den Kopf gesenkt, die Fäuste geballt, bin ich durch die Tür marschiert, habe den Kostümbildner bei beiden Händen gepackt, ihm in die Augen gesehen und so ernsthaft wie nur je in meinem Leben gesagt: «Sie MÜSSEN MIR ETWAS ZUM ANZIEHEN GEBEN!»

Und das hab ich bekommen: ein hauchdünnes, schwarzgesäumtes Tuch, das wie ein Halfter um meine Brüste drapiert war. Einen schmalen silbernen Gürtel mit ein paar bunten Chiffonfetzen daran, die mir von den Hüften über den Unterleib hingen. Schwarze hochhackige Schuhe. Riesige gelbe Plastik-Ohrringe. Kein Kellnerportemonnaie. Gott sei Dank hatte ich meinen Bademantel dabei.

Die Mädchen teilten sich in zwei Gruppen. Diejenigen von uns, die sterben wollten, und eine kleinere Gruppe, die alles ganz großartig fand, der erste Schritt auf dem Weg zum Star – besonders Miss Rolex und eine kleine Brünette in einem zinnoberroten, hüftfreien Mieder.

Der Kerl mit dem Klemmbrett hat uns auf den Set geschickt. Natürlich ist mir klar gewesen, daß es hier ein Aufnahmeteam geben mußte, aber das hat kaum eine Rolle gespielt. Dem Aufnahmeteam ist immer alles egal. Aber als ich mit Laura durch die schmuddeligen Studiokorridore gelaufen bin, war ich noch nicht auf den naheliegenden Gedanken gekommen, daß es in einem Film über ein Bordell auch MÄNNER geben mußte. Das ist mir nur zu klar geworden, als wir an eine riesige, geschwungene Treppe kamen, von deren unterem Ende aus etwa dreißig von ihnen gebannt zu uns heraufstarrten, ein Knäuel äußerst merkwürdiger Männer, von einem fetten Glatzkopf bis zu einem Buckligen mit einem traurigen Gesicht.

«Ich kann nicht», hab ich Laura zugezischt. «Ich *kann* nicht.»

«Respiri», hat sie bestimmt gesagt und meine Hand genommen. Hocherhobenen Hauptes sind wir gemeinsam die Treppe hinabgeschritten und haben uns ungerührt unseren Weg durch die Menge der grinsenden und johlenden Männer gebahnt. *«Buon giorno, bella! Buon giorno, bella!»*

«Fickt euch ins Knie, ihr Wichser!» Ich hab ihnen ein schönes, breites Fünf-Sterne-Lächeln geschenkt.

Der Set bestand aus einem Eisenkäfig, gefüllt mit Sitzpuffs aus rotem Samt. Wir wurden hineingetrieben, und die Tür wurde hinter uns abgeschlossen. Wenigstens waren die Männer draußen vor den Gitterstäben, merkten wir; die Szene war also nicht «interaktiv». Ich habe mich allmählich entspannt, ein bißchen gelacht, hab geglaubt, daß ich es überstehen würde. Wie sollte ich etwas hinschmeißen, worauf ich so lange hingearbeitet hatte? Wie konnte ich in die Wohnung meines Freundes zurückkehren, ohne das Abenteuer bestanden zu haben?

Das war meine Rolle: mitten auf der Bühne zu stehen und *Them There Eyes* zu singen. Drei geschlagene Tage lang. Mit Trockeneis, das entfernt nach dem Weihrauch beim Hochamt roch und das meine von der Schminke bereits in Mitleidenschaft gezogenen Augen jucken und schmerzen ließ.

Zusätzlich stand ich noch auf Kriegsfuß mit Swiss Miss. Jedesmal, wenn er sich umdrehte, hab. ich. die. Tücher. nach vorn. gezogen. Wenn er es mitbekam, ist er schreiend auf den Set gelaufen *(«NO, NO, signorina!»)* und hat. die. Tücher. nach hinten. gezogen. Währenddessen hat Anita (die mit dem Kellnerportemonnaie), die auf einem Puff links von mir saß, Beine fest geschlossen, das Portemonnaie auf den Schoß gepreßt, in nasalem Römerakzent einen endlosen Strom von Klagen heruntergeleiert: *«Mamma mia, questa tortura cinese che non finisce mai.»* Übersetzung: «Mamma mia, was für endlose Höllenqualen.» Bei allem, was sie sagte, hab ich vor Lachen gewiehert.

Zum Schluß, am letzten Tag, während einer Szene, die im Sitzen gedreht wurde (welche Wonne), hab ich ihretwegen einen solchen Lachanfall bekommen, daß mein Ellbogen eine der Kulissen traf und sie krachend zu Boden fiel.

An diesem Abend saßen wir alle im Studiocafé, tranken Bitter Lemon aus winzigen Glasflaschen und aßen Eis aus konfettibunten Tüten.

Im letzten Augenblick, als schon die Taxis vorfuhren, haben wir angefangen, uns zu umarmen und zu küssen und zu weinen. Diese jungen Frauen mit den blassen, klebrigen Gesichtern und den verfilzten Haaren waren plötzlich mehr als Freunde, mehr als eine Familie. Wir ließen die einzigen Menschen zurück, die jemals verstehen würden, was wir durchgemacht hatten.

Auf Abenteuerkurs

Die Stimme der Welt spricht: «Hey! Das ist eine tolle Geschichte!»

Die Stimme der Welt spricht: « ... Äh, wie alt bist du jetzt?»

Die Stimme der Welt spricht: «Wird Zeit, daß du aufhörst, ‹Geschichten› zu erleben, Claudia. Wird Zeit, daß dein Leben beginnt.»

Ich fege das mit einem Lächeln und einer Handbewegung beiseite, während es innerlich grummelt: «Ihr habt ja recht, ihr habt ja recht. Ich bin am Arsch. Ich werd als Supermarktkassiererin enden, die eine gigantische Packung Toilettenpapier hochhält und kreischt: «Herbie, können die ScotTissues zurückgegeben werden?»

Nein. Nein. Ich glaube immer noch an das Abenteuer. Ich glaube immer noch an das, was ich gelesen habe. Ich glaube immer noch, daß man von zu Hause fort muß.

Als die Eltern meiner Freundin ihr einen spannenden Prospekt über einen Hurricane-Island-Abenteuerkurs schickten, hab ich mir den geschnappt. Bunte, fette Buchstaben auf der Titelseite warfen mir den Fehdehandschuh hin: WÜRDEN SIE DAS SCHAFFEN?

Jaaah!

Ausgestattet mit einem Reader's-Digest-Stipendium, einem Paar babyblauer Leinenschuhe für $ 1.99 von ABC

Bargain Stores in der Graham Avenue in Greenpoint, Brooklyn, und einer abgerissenen Baskenmütze für das nötige Quentchen Eleganz, bin ich mit dem Bus vom Port-Authority-Busbahnhof elf Stunden bis zu einer unscheinbaren Haltestelle in Rockland, Maine, gefahren. Ich war bereit, zäh zu sein. Nichts konnte mich schocken. Ich hatte Shantys auswendig gelernt und Bücher über Survival in der Wildnis gelesen. Ich war bereit für meinen Achtundzwanzig-Tage-Kurs am Meer.

Achtundzwanzig Tage nacktes, bibberndes Grauen.

Ich kam etwas mitgenommen von der Busfahrt an und stand mit meinem Seesack am Anleger in einem Haufen desorientierter Studenten, die von jovialen, sonnengebräunten Olympiern auf ein großes Boot getrieben wurden. Das waren unsere «Wachoffiziere» oder «Wachos», wie sie sich selber nannten. Als erstes haben sie uns in zwei «Wachen» à zwölf Leute eingeteilt, mit je zwei «Wachos» pro Gruppe. Meine Wache bestand aus vier Mädchen und einer Bande von acht siebzehnjährigen Jungs. Wir haben jeder eine Nummer bekommen, *«eine Nummer, die dir in Seenot das Leben retten kann!»*

Am nächsten Morgen, verwirrt und verspannt vom Schlafen in einem Zelt, hat mich um fünf Uhr eine helle Olympierstimme geweckt. «Okay, laufen und rein!» Laufen und rein?

«Was heißt laufen und rein?» krächzte ich.

«Also», sagte die Stimme, «wir laufen vier Kilometer am Strand und nehmen dann ein kurzes Bad im Ozean.»

«Aber es regnet!» krächzte ich.

Brüllendes Gelächter bei den Wachos.

Ausrutschend, hinfallend, zitternd, weiterstampfend hab ich mich durch das gekämpft, was mir wie eine ziemlich beschissen konstruierte Insel vorkam. Es gab große Lücken zwischen den Felsbrocken, die ich lieber auf dem Hintern schlitternd überquerte, als den haarsträubenden Sprung zu wagen, den sie von mir sehen wollten. Anschließend, nachdem ich mit Hängen und Würgen die Zielgerade erreicht hatte, bin ich ans Ende einer Schlange zitternder Nachzügler gestellt worden, und sie haben mir befohlen, IN DEN OZEAN ZU SPRINGEN. IN MAINE. UM UNGEFÄHR SECHS UHR MORGENS.

Ich hab von der Kante des Anlegers auf das eisgraue Wasser fünf Meter unter mir geblickt, in meinem Badeanzug frierend, blaß und gänsehäutig, und plötzlich ist mir klargeworden, daß der ganze Kurs in diesem Stil ablaufen würde. In diesem Abenteuer war kein Platz für mich. Mir war es so peinlich, ich hab solche Angst gehabt.

«Ich kann nicht», hab ich gewimmert. «Ich kann nicht. Ich krieg 'n Herzinfarkt und sterbe.»

«Spring einfach», hat ein großer Kerl mit einem komischen Akzent freundlich gesagt. «Alle tun es. Es ist ein großartiges Gefühl!»

Jetzt bin ich nur noch Heulen und Zähneklappern.

«Tja», hat er gesagt, «wenn du nicht bald reinspringst, verpaßt deine Gruppe das Frühstück. Und es gibt *Pfannkuchen.*»

Sofort bin ich von einer fanatischen Horde siebzehnjähriger Jungs umgeben, die schreien: «Spring! Spring! Bitte, bitte spring!» Sie sind ebenfalls kurz vorm Heulen. Wenn ich nicht bald sprang, das war sicher, würde ich entehrt den Kurs verlassen müssen. Ich hab mich an den Rand des Anlegers geschlichen und noch einmal hinabgesehen. Ich will, ich will wirklich, aber mein Körper rührt sich nicht.

«Schubst mich!» hab ich gesagt und die Zähne zusammengebissen. «Einer muß mich schubsen!»

«Ich will schubsen! Ich will schubsen!» Von allen Seiten.

«Nein», hat der Obermacker gesagt. «Sie muß es allein schaffen.»

Also kneif ich meine Augen zu und trete mit einem nie gehörten Klageschrei hinaus ins Nichts. Das Gefühl zu fallen war grauenhaft, und der Schock des eiskalten Wassers riß mir die Augen auf, als ich verzweifelt zum Anleger schwamm, mit klappernden Zähnen und kurzen, unwillkürlichen «Uhfuhfs», die mir im Hals rasselten.

Die Tage hab ich mit Betteln verbracht, mit Weinen, Rotz in der Nase, Schweißtriefen, Hinfallen, mir Hände, Knie, Gesicht und Arsch aufschürfend. Ich war fett, käsig, ich hatte keine coolen Freizeitklamotten (in der Wildnis gilt ein mindestens so strenger Kleidungskodex wie in der schicksten Gegend von New York), ich hatte kein Ego, keine Vergangenheit. Es hatte mich in ein unbekanntes Land verschlagen. So etwas hatte ich noch nie erlebt.

Nichts in meiner Jugend in Brooklyn hatte mich auf die existentielle, allumfassende Angst vorbereitet, ein Fleck an einer endlosen Granitwand zu sein, nur leerer Raum rings um mich her, verzweifelt an den Fels geklammert, einen Zeh auf einen Vorsprung von Smartiesformat gestützt, eine Hand in eine pennybreite Spalte gezwängt, mit der anderen Hand nach etwas, *irgend etwas* tastend, an dem ich mich festhalten konnte. Ich hatte eine Heldin in der Wildnis sein wollen – den kräftigen Kiefer stoisch dem Unheil entgegengereckt –: «Sich vor etwas zu fürchten und es trotzdem zu tun erweckt die edelsten Kräfte im Menschen.» Statt dessen hab ich mich dabei ertappt, wie ich auf die überhaupt nicht selbstbewußte Art, die man bei Geisteskranken sieht, murmelte: *O Gott, okay, okay, ich werd meinen Fuß bewegen, o Jesses, okay, bitte beweg den Fuß, okay, den Fuß bewegen.*

Unser erster Segeltörn: offenes Boot, zehn Meter lang, zwölf von uns reingepfercht, benommen auf den Ozean hinausstarrend, dankbar, daß wir sitzen können, in Gedanken beim Mittagessen.

Die Segel sind gehißt, und wir knattern dahin, als ein Typ namens Mateus zu Paul, dem Ausbilder rüberklettert. Paul ist der große Typ mit dem Akzent, ein hünenhafter Frankokanadier mit einem buschigen braunen Bart und hellen Augen mit tausend Fältchen drum herum.

«Äh, Paul? Äh, äh» – seine Stimme wird leiser – «Wo ist denn hier die Toilette?»

«Wo immer du willst!» hat Paul gesagt und seinen Arm in Richtung Ozean geschwenkt.

O MEIN GOTT. Granitklippen zu erklettern ist Kinderkram, verglichen hiermit. Da kann man wenigstens die Hosen anbehalten. Aber vor den Augen von zwölf Leuten ein Würstchen zu legen! Ich könnte so nicht mal pinkeln. Und ich hab es zurückgehalten, einige Stunden lang, bis ich einen Punkt erreicht hatte, an dem sie meinetwegen ein Kamerateam hätten einfliegen können, das einen Dokumentarfilm darüber dreht. Den nackten Hintern über Bord, mit einer Hand die Wante umklammernd, mit der anderen am Dollbord, hab ich verzweifelt versucht, mich zu entspannen, es so schnell wie möglich hinter mich zu bringen, und hab mir einen Schrei verkniffen, als eine eiskalte Woge an meinen Hintern geklatscht ist.

Aber ich war nicht die einzige. Ein junges Mädchen, eine mexikanische Millionärstochter namens Maru Ruiz Francia, wäre lieber an inneren Vergiftungen gestorben, als es auf die Tour «rauszulassen». Also sind alle Mädchen in der grandiosen Tradition von Teamwork in der Wildnis zum Bug gegangen und haben ihre Handtücher hochgehalten, um einen

Sichtschutz zu bilden. Dann hat Maru vorsichtig die Hosen runtergezogen, sich bekreuzigt und hat ihre Hüften auf den Dollbord geschoben. Meine Aufgabe war es, *ihr* beim Entspannen zu helfen. Das tat ich, indem ich neben ihr stand und gesungen hab: «*If ever I would leave you, it wouldn't be in springtime . . .*» Und achtern hörten wir Paul lachen und lachen und lachen.

Paul war großartig. Er war phänomenal. Ich habe nicht für Paul geschwärmt. Ich hab ihn vergöttert. Er war ein Held, ein Held wie in meinen Büchern, wie in meinen Träumen. Er hat bei jeder Gelegenheit gelacht; kein abfälliges Besserwisser-Lachen, sondern ein herzhaftes, freudiges, schallendes Lachen. «Hey! Trau dich! Mach schon! Das macht dich glücklich, *hokay*?» Und wenn ich die Klettertour, das Laufen, den furchteinflößenden Sprung hinter mir hatte, hat er strahlend und lachend auf mich gewartet. «*Hokay*, bist du jetzt glücklich?» Und ich hab in sein vergnügtes Gesicht gesehen und mitlachen müssen.

Eines Nachts weckten uns die Ausbilder um zwei Uhr. Diesmal sollten wir uns bei völliger Dunkelheit durch eine lächerlich schmale Spalte in einem riesigen, eine halbe Meile breiten Felsen kämpfen. Lautlos, von gelegentlichen Grunzern vor Anstrengung abgesehen, haben wir uns gegenseitig am Ärmel festgehalten, uns millimeterweise vorangeschoben, uns an der rauhen Granitfläche entlanggeschlängelt. Auf halber Strecke, nur Fels um mich her, der sich an meinen Rücken und mein Gesicht preßte, mich erdrückte, mich lähmte, hab ich aufgegeben. Ich atmete in rasselnden, panischen Tönen, doch plötzlich war Paul da, hoch über mir, auf der Spitze des Felsens, sein Gesicht auf unheimliche Art von einer Bergwerkslampe angeleuchtet. Er lachte.

«Hey! Was soll der Lärm? Willste die ganze Insel aufwekken? Mach schon! Du schaffst es! Das macht dich glücklich, hey!»

Ich hab es geschafft.

Irgendwann hatte mich Paul so weit, daß ich alles tat. Von der Spitze eines Kletterfelsens herab hat er mich angefeuert, seinen Helm verwegen schief auf dem Kopf, die Beine baumelten über der Kante.

«Komm schon! Komm rauf! Da rechts is was. ... Oh! Das ist so breit wie ich! Tritt da drauf!»

Und ich starb fast vor Lachen, mein Gesicht in irgendeine Felsspalte gepreßt.

«Halt's Maul, Paul! Fick dich!»

«Oh, Claudie! Was hör ich da!»

Paul ging wie eine große Katze. Er pflückte etwas vom Baum und aß es. Er konnte Feuer machen und segeln und klettern und rennen. Er war mutig. Er hatte richtige Abenteuer bestanden. Er könnte mich mitnehmen.

Während eines nächtlichen Segeltörns, als die ganze Welt nur noch aus dem Ozean und den Sternen bestand und alle sich wie Schildkröten ihr Ölzeug über die Ohren gezogen hatten, stand er vor dem Mast, völlig im Gleichgewicht, völlig locker, und ich hab mich zu seinen Füßen hingekuschelt. Wir sangen zusammen *«Vous avez nom que je voudrais pour ma maîtresse, vous avez nom que les amours voudraient connaître»*. Ich sang zu ihm hoch, und mein Herz fühlte sich so groß an wie ein Ballon.

Gegen Ende des Kurses wurde meine Wache zu einem großen Teich gebracht. Unser Auftrag war es, aus den Überresten alter Bojen und Segeltaue ein Floß zu bauen und damit ans gegenüberliegende Ufer zu kommen. Und das haben wir auch gemacht, mehr schlecht als recht, und in unserer Unterwäsche. Nach fünfundzwanzig Tagen hatten wir die Hauptlektionen der Wildnis gelernt: 1) halte trocken, was immer du kannst, 2) iß alles, was man dir anbietet, 3) klemm dir irgendwo Klopapier hin.

Nachdem wir unseren «Gruppenauftrag» erfüllt hatten, haben wir uns im Kreis hingesetzt, um «darüber zu reden» – wer hat am meisten geleistet, wer hat die Initiative ergriffen, wer nicht usw. *«Hokay»*, sagte Paul. «Sagen wir mal, ihr geht auf eine Expedition. Eine richtige. Jetzt stellt sich jeder ein Team zusammen.»

Wir gingen die witzereißende, johlende Gruppe durch und haben uns jeder zehn Team-Mitglieder ausgesucht. Ich lächelte eisern weiter, als einer nach dem anderen eine Namensliste aufstellte, auf der mein Name nicht auftauchte.

«Also gut», hat Paul gesagt, «jetzt bin ich dran. Wenn ich auf eine Expedition gehen würde, würde ich Claudia mitnehmen.»

Claudia?! MICH?!

«Ja», sagte Paul mit ernstem Gesicht, «weil es in der Wildnis, wenn's hart auf hart kommt, egal ist, wer am schnellsten läuft oder sonstwas am besten kann. Man muß Humor haben, Humor. Und Claudia, die hat das.»

Selten hält dir einer so den Spiegel vor – deutlich, klar und völlig unerwartet. Vergeßt das Schwert, das man aus dem Fels ziehen muß, *das hier* ist das Abenteuer. Wenn man jemanden einen Augenblick lang mit anderen Augen sieht, verwandelt sich sein Spiegelbild.

Es erwacht zum Leben.

Pink Doughnut

Ich stehe in der Schlange vor einem dieser Doughnut-Stände in der New Yorker Penn Station, sehe auf die Uhr, warte auf den Zug, habe Lust auf einen Eiskaffee. Vor mir steht ein Typ – groß, blond, knackig, er fällt mir auf. Er trägt eine Lands'-End-Tasche mit so einem Tennisschlägerfach. Ich studiere das Doughnut-Angebot und beobachte ihn amüsiert aus dem Augenwinkel, denn ich liebe es, Erwachsenen dabei zuzusehen, wie sie Süßigkeiten bestellen, tiefe Männerstimmen Sachen sagen zu hören wie: «Äh, nein, ich hätte gern den pinken da, mit den Streuseln drauf, bitte.» Ich blicke auf, als er plötzlich Geld auf den Tresen pfeffert und das halbe Kleingeld auf den Boden fällt. Die kleine Latino-Frau, die ihn bedient hat, zuckt zusammen, und da reicht es mir. Dieses Zucken. Dieses verschreckte Blinzeln, der offenstehende Mund, auf dem sich die Beleidigung abzeichnet.

«Warum haben Sie das gemacht?» Ich kann nicht mehr an mich halten.

«Wissen Sie, wieviel die hier für einen Kaffee und einen Doughnut verlangen?»

«*Und?* Sie arbeitet hier, verdammt noch mal! Sie arbeitet in *Penn Station*! Wahrscheinlich verdient sie einen Mindestlohn in dem Scheißlicht hier in Penn Station, und Sie nehmen den Zug und fahren ins Wochenende mit Ihrem Tennisschläger, und Sie *schmeißen* ihr Geld hin?»

«Tja, es ist ziemlich teuer hier.» Er dreht mir den Rücken zu und geht weg.

«Du privilegierter fettärschiger weißer Drecksack!»

Er dreht sich um. «Nicht in dem Ton.» Seine Wangenmuskeln zucken.

Ganz leise, mit klappernden Zähnen sage ich: «Schämen Sie sich eigentlich nicht? Haben Sie denn überhaupt keinen Anstand?»

Er geht weg, und ich bleibe wie üblich mit meinem Adrenalinpegel am Anschlag zurück, während die Leute mich ansehen und dann verstohlen weggucken. Nur die Frau hinterm Tresen sieht mir ins Gesicht.

«Danke», formen ihre Lippen.

Dann komme ich an einem Tisch mit puertoricanischen Drogendealern und den weißen Frauen vorbei, die auf sie abfahren.

«Komm her!» rufen sie mir zu. «Komm her! Komm her!»

«Was ist?»

«Hey. Hey, eins zu null für dich!»

Eins zu null für mich? Also, ich seh das so: Man redet mit den Leuten, die einem das Essen servieren, genauso wie mit den Leuten, mit denen man ißt. Man redet mit den Leuten, die für einen arbeiten, genauso wie mit den Leuten, für die man selber arbeitet. Das ist ein ganz einfacher Vorschlag. Rede mit den Leuten. Sie werden dir klassischen indischen Tanz zeigen, Karate-Katas, Pferdedressuren; sie werden dir Hegel erklären, Jung, Iris Murdoch, Prince; dir von ihrer Heimat in Kolumbien, Sizilien, Tasmanien, Moskau erzählen. Und dich zum Lachen bringen.

Ich hab mal in einem Nobelrestaurant in Chelsea bedient. In der Spätschicht waren wir alle am Verhungern, und als wir einen Hilfskellner erblickten, der mit einem nicht mal angerührten Steak in Richtung Küche ging, ist uns die Sicherung durchgebrannt. Er war ein peruanischer Rattenfänger, und vier von uns sind von hinten über ihn hergefallen, haben ihn geschubst und gestoßen und mit den Händen an dem Steak herumgezerrt. Plötzlich wurde die Küchentür aufgestoßen, und uns allen gerann das Blut in den Adern, aus Angst, es könnte der Geschäftsführer sein. Aber es war nur ein weiterer Kellner, der treffsicher sagte: «Oh, sieh mal an! *Der mit dem Wolf tanzt!*»

Wir sind alle gleich, ob wir nun auf Dächern, an Schreibtischen, hinter Verkaufstresen sitzen; auf Milchkisten, Weinkisten, Pappkartons oder Eingangstreppen hocken; in Seitenstraßen, verlassenen Cafeterias oder unheimlichen Korridoren rumhängen: ein buntscheckiger Haufen aus Artie-Fartie-Typen, alleinerziehenden Müttern, Asozialen und Einwanderern, die sechs Tage die Woche arbeiten, in Doppelschichten, und das ganze Geld nach Hause schicken. Wir sind die Rekonvaleszenten, die Abgelehnten, die Ledermänner, die den Pizza-Fahrer aus Queens zu Tode erschrecken – und umgekehrt. Wir gehören alle dazu, denn niemand von uns gehört irgendwohin. Und man glaubt ja nicht, was man alles lernen kann: schmutzige Wörter in allen Sprachen, und daß niemand nur eine Tippse ist, nur ein Tellerwäscher, nur ein Koch, nur ein Portier, nur eine Prostituierte. Daß jeder eine Geschichte hat. Jeder kann mindestens eine Geschichte erzählen, bei der einem das Herz stockt.

War das zusammenhanglos? Ich glaube nicht. Im Leben läuft nicht alles so geradlinig ab. Nichts ist so voller Klischees wie die Geschichte von dem Weg, den man gegangen, der Lektion, die man gelernt, dem Hindernis, das man überwunden hat. Und das kommt daher, daß es die einzige Geschichte ist.

Die *große* Geschichte. Etwas, das so simpel ist wie ein Buch, das man als Kind gelesen hat. Etwas, das erfunden klingt wie die Mondphasen. Und dann schaut man eines Nachts zum Himmel auf und merkt, daß es wahr ist, daß man es selbst sehen kann.

Und das ist alles, was ich zu sagen habe, ehrlich. All das ist die Wahrheit, und ich habe es selbst erlebt.

Und dieses Buch ist Job Nummer sechsundsechzig.

Starke Frauen

Starke Frauen, freche Bücher – scharfsinnige Geschichten mit viel Witz aus einer exotischen Welt: dem Frauenalltag.

Amanda Aizpuriete
Laß mir das Meer
Liebesgedichte
64 Seiten. Pappband
«Nichts ist gestelzt, gekünstelt in diesen Gedichten. Man spürt in jeder Zeile eine so sprachsichere Fähigkeit im unverstellten Bekenntnis, daß gerade das Subjektivste als etwas tief Gesellschaftliches verstanden werden kann.» *Süddeutsche Zeitung*

Lisa Alther
Fünf Minuten im Himmel
Roman
416 Seiten. Gebunden
Die Geschichte einer eigenwilligen Frau, die die Hoffnung auf eine erfüllende Beziehung nicht aufgibt.
Eine besondere Frau *Roman*
(rororo neue frau 13410)
Schlechter als morgen, besser als gestern *Roman*
(rororo neue frau 5942)

Pia Frankenberg
Die Kellner & ich *Roman*
(rororo 13778)
Erzählt wird die Geschichte von Thea Goldmann, einem frechen, altklugen, rebellischen Kind, das während des Wirtschaftswunders auf der Wunderseite aufwächst.

Felicitas Hoppe
Picknick der Friseure
Geschichten
96 Seiten. Pappband
Zwanzig Geschichten: komisch, absurd, manchmal bitterböse, von atemberaubender Phantasie.

rororo Unterhaltung

Kathy Lette
Mein Bett gehört mir *Roman*
320 Seiten. Gebunden
Eine australische Lebenskünstlerin, hoffnungslos verliebt, folgt ihrem Auserwählten nach London. Aus Lust und Liebe wird eine gar nicht nette Katastrophe.
Die Sushi-Schwestern *Stories*
(rororo 13598)

Francine Prose
Jäger und Sammler *Roman*
(rororo 13793)
Martha ist unzufrieden mit ihrem Job und trauert einer mißglückten Liebesbeziehung nach. Während eines Wochenendurlaubs trifft sie mit einer Gruppe von New-Age-Frauen zusammen, die eine geheimnisvolle, archaische Zeremonie abhalten... Eine geistreiche, witzige Gesellschaftssatire.

601/1